Marie-Luise Bott

Die Haltung der Berliner Universität im Nationalsozialismus.

Max Vasmers Rückschau 1948

Neues aus der Geschichte der
Humboldt-Universität zu Berlin 1

Neues aus der Geschichte der Humboldt-Universität zu Berlin

Band 1	Marie-Luise Bott: Die Haltung der Berliner Universität im Nationalsozialismus. Max Vasmers Rückschau 1948
Band 2	Reimer Hansen: Von der Friedrich-Wilhelms-Universität zur Humboldt-Universität zu Berlin. Die Umbenennung der Berliner Universität 1945 bis 1949 und die Gründung der Freien Universität Berlin 1948

Herausgeber: Der Präsident der Humboldt-Universität zu Berlin

Band 1 ISBN 978-3-9813135-6-7
Berlin 2009

Reihenherausgeber: Lehrstuhl für Wissenschaftsgeschichte, Marie-Luise Bott

Auflage: 600

Redaktion & Herstellung: Thomas Richter
Öffentlichkeitsarbeit der Humboldt-Universität zu Berlin
Unter den Linden 6
10099 Berlin
www.hu-berlin.de/pr

Schutzgebühr: 5 EUR

Fotonachweis: Werner Conitz, b p k (1. Umschlagseite)
b p k (4. Umschlagseite)
Nachlass Frank Siegmann (S. 187, 203)
Nachlass Herbert Bräuer (S. 5, 197)
Archiv der Berlin-Brandenburgischen Akademie der Wissenschaften (Faksimile S. 24ff., S. 87)

Dieser Band ist auch auf dem Dokumenten- und Publikationsserver der Humboldt-Universität zu Berlin **edoc.hu-berlin.de** erhältlich.

Vorstand der Sprachwissenschaftlichen Gesellschaft, St. Petersburg 1909.

Von l. nach r.: Ljudmila Aleksandrovna Mervart, geb. Levina (1888 - 1965, Sprachwissenschaftlerin und Ethnographin, 1930 - 35 in Lagerhaft), Max Vasmer (Vorsitzender), Iosif Abgarovič Orbeli (1887 - 1961, Orientalist und Kaukasiologe, 1934 - 51 Direktor der Leningrader Eremitage, 1943 - 47 Präsident der Armenischen Akademie der Wissenschaften), Cezaria Baudouin de Courtenay (1885 - 1967, Vasmers erste Ehefrau 1910 - 13, ab 1927 Professorin für Ethnographie und Ethnologie in Wilna, Warschau und an der Polnischen Exiluniversität in London), Kazimieras Buga (1879 - 1924, Baltologe).

Das Manuskript der Rede

Einführung

Die Zugriffe nationalsozialistischer Politik auf die Universität sind von der Forschung seit den 1980er Jahren immer wieder als ein Zweistufenprozeß organisatorischer und personeller Maßnahmen beschrieben worden: als institutionelle Umstrukturierung der Universität nach dem „Führerprinzip" und als soziale Umgestaltung durch Entlassung bzw. Vertreibung rassenideologisch oder politisch unerwünschter und Neuberufung politisch zuverlässiger Mitglieder. Dem folgte auf einer dritten Ebene die Einflußnahme auf kognitive Strukturen von Wissenschaft durch die Orientierung auf „völkische" Konzepte und die Instrumentalisierung wissenschaftlicher Forschung für den „Kriegseinsatz".[1] Es ist interessant, dem einmal die Binnensicht eines Ordinarius jener Zeit gegenüberzustellen und zu prüfen, wie seine Wahrnehmung die Vorgänge strukturiert. Die Untersuchung ist also personenzentriert. Außerdem setzt sie voraus, daß das Kategoriensystem des zurückblickenden Wissenschaftlers kurz nach Kriegsende im Wesentlichen dasselbe ist, das auch vor 1933 für ihn maßgeblich war.[2]

---

1 Vgl. Peter Lundgreen, „Hochschulpolitik und Wissenschaft im Dritten Reich", in: ders. (Hg.), Wissenschaft im Dritten Reich, Frankfurt a. M. 1985, 9 - 30, hier 10; ebenso Michael Grüttner, „Die deutschen Universitäten unterm Hakenkreuz", in: John Conelly, Michael Grüttner (Hg.), Zwischen Autonomie und Anpassung: Universitäten in den Diktaturen des 20. Jahrhunderts, Paderborn etc. 2003, 67 - 100, hier 80f.

2 Dem ersten Leser meines Kommentars, Mathias Niendorf, danke ich für wichtige Anregungen.

Bei dem hier edierten Dokument kritischer Selbstreflexion aus der Berliner Professorenschaft handelt es sich um das stichwortartige Redemanuskript „Die Haltung der Berliner Universität" des Slavisten Max Vasmer (St. Petersburg 1886 – West-Berlin 1962). Der Sohn eines Altonaer Kaufmanns absolvierte sein Studium in Petersburg und lehrte nach Auslandsstudien in Krakau, Wien, Graz und Athen ab 1912 an der Petersburger Frauenhochschule. Im Oktober 1917 trat er ein Ordinariat für vergleichende Sprachwissenschaft und Slavistik an der neu gegründeten Philosophischen Fakultät von Saratov an. Nach der Oktoberrevolution floh er 1918 an die Universität Dorpat. 1921 folgte er einem Ruf nach Leipzig und 1925 nach Berlin. Hier gab Vasmer ab demselben Jahr die in Westeuropa bald führende „Zeitschrift für slavische Philologie" mit internationalem Autorenkreis heraus, baute den seit 1874 bestehenden Lehrstuhl zum bedeutendsten Slavischen Institut Deutschlands aus und wurde 1931 als erster Slavist ordentliches Mitglied der Preußischen Akademie der Wissenschaften. Weder er noch seine beiden Assistenten waren Parteigänger des Nationalsozialismus. Vasmer gehörte in Berlin zum Freundeskreis um Friedrich Meinecke.[3] Seine Ausnahmehaltung kritischer Resistenz suchte die in den 1980er Jahren beginnende Fachgeschichtsschreibung in Ost- und Westdeutschland zum Regelfall für die deutsche Slavistik im Nationalsozialismus zu stilisieren, was unhaltbar ist.[4] Bis 1947 lehrte Vasmer an der Universität Berlin. Nach einer Gastprofessur in Stockholm folgte er im Herbst 1949 einem Ruf an die Freie Universität Berlin. Bei

3 Zum politischen Profil Vasmers vgl. Marie-Luise Bott, „Ein Forschungsinstitut für Slavistik in Berlin? Max Vasmers Denkschrift 1928", in: Jahrbuch für Universitätsgeschichte 2/1999, 151 - 180.

4 Vgl. den Forschungsüberblick bei Marie-Luise Bott, „'Die streng philologische Grundlage bewahren'. Zur Resistenz des Berliner Slavischen Instituts gegen einen semantischen Umbau des Faches 1933 - 1945", in: Georg Bollenbeck, Clemens Knobloch (Hg.), Resonanzkonstellationen: Die illusionäre Autonomie der Kulturwissenschaften, Heidelberg 2004, 133 - 161.

Vasmers Tod 1962 waren sieben Ordinariate in Westdeutschland mit Schülern von ihm besetzt.

Das vorzustellende Dokument fand sich undatiert und ohne Kontext in Vasmers Nachlaß.[5] Dem Beginn der Rede „Meine Herren!" und ihrem Schluß zufolge, der die aktuelle Aufgabe ausländischer Kollegen gegenüber deutschen Wissenschaftlern betont, hielt er sie nicht allgemein öffentlich (die „Damen" fehlen), sondern im engeren Kollegenkreis im Ausland. Aus dem Text selbst heraus (Bl. 28) ist sie auf 1948 zu datieren. Damit fällt sie in die Zeit von Vasmers Gastprofessur an der Universität Stockholm ab Oktober 1947. Im Frühjahr 1946 hatte er bereits einen Ruf nach Wien erhalten und abgelehnt. Die Einladung zu einer Gastprofessur in Stockholm dagegen, die ihm im August 1946 durch Generalkonsul Lundberg aus Hamburg übermittelt wurde[6], nahm er an. Dafür gab es zweierlei Gründe.

Die schlechte Ernährungslage in Berlin hatte Vasmers Gesundheit beeinträchtigt. Er brauchte aber gute Arbeits- und Lebensbedingungen, um sein „Russisches etymologisches Wörterbuch" vollenden zu können. 1944 hatte eine Brandbombe alle Vorarbeiten dazu und Vasmers gesamte Bibliothek zerstört. In den beiden Stockholmer Jahren arbeitete er an der Restitution des Manuskripts, das er 1950 abschloß und ab 1953 in Heidelberg zum Druck brachte. Ab 1964 erschien das erste etymologische Wörterbuch des Russischen, verfaßt von einem Deutschen, in russischer

---

5 Archiv der Berlin-Brandenburgischen Akademie der Wissenschaften (AAW), NL Vasmer, Nr. 48. Für den Hinweis danke ich Ursula Stegelmann, Freie Universität Berlin. – Der Nachlaß Max Vasmers befand sich bis zum Februar 2001 am Osteuropa-Institut der FU Berlin. Dann kam er auf meine Vermittlung ins Archiv der Akademie der Wissenschaften.

6 AAW, NL Vasmer: Lundberg an Vasmer, 12.08.1946; Vasmers Antwort vom 28.08.1946 ist adressiert an „Legationsrat Lundberg vom Schwedischen Roten Kreuz".

Übersetzung in Moskau. Auch damit bleibt es ein Ausnahmefall in der Geschichte der etymologischen Lexikographie.[7]

Andererseits hatte der von den Kulturoffizieren der Sowjetischen Militäradministration hochgeschätzte Slavist innerhalb des einen Jahres seit Mitbegründung des Kulturbundes zur demokratischen Erneuerung Deutschlands im Sommer 1945[8] erkannt, daß die Volksfront-Politik der SED mit ihrer Rhetorik von der Integration der „bürgerlichen Kräfte" nur eine taktische Übergangsphase darstellte. Tatsächlich erlebte er eine Sowjetisierung auch seines eigensten Arbeitsbereiches, die für ihn das Gegenteil von Demokratisierung bedeutete und nicht hinnehmbar war. Über Nacht wurde das Orchideenfach Slavistik zu einem Massenfach, das sich auf die Ausbildung einer „Armee" von Russischlehrern vor allem in Sowjetliteratur und politischer Landeskunde zu konzentrieren hatte. Der für Volksbildung zuständige Kulturoffizier der Sowjetischen Militäradministration ließ sich die Promotionsthemen vorlegen und forderte mehr Dissertationen zur Sowjetliteratur. Und bei Verhandlungen zur Wiederaufnahme der Zeitschrift für slavische Philologie wollte man Vasmer im Juni

---

7 Vgl. Oleg N. Trubačev, „Gedanken zur russischen Ausgabe von Vasmers Russischem Etymologischem Wörterbuch", in: Zeitschrift für slavische Philologie 46/1986, 372 - 383.

8 Manifest und Ansprachen des Kulturbundes zur demokratischen Erneuerung Deutschlands, Berlin (Ost), 4. Juli 1945. Vasmers Rede (29 - 31) begann: „An dem schweren Unglück unseres Volks bekennen sich auch diejenigen unter uns für schuldig, die von vornherein das Hitlerregime ablehnten, und zwar, weil wir die ungeheure Größe dieser Gefahr nicht rechtzeitig erkannten und in dem Wahne lebten, daß die Vernunft schließlich doch in Deutschland siegen würde" (31). Zu denken geben mußte Vasmer, daß in der publizierten Fassung seiner Rundfunkrede jeder Hinweis auf das Schicksal Polens gestrichen wurde (das Verbot „fast der ganzen polnischen schönen Literatur" im Nationalsozialismus sowie die Unterschlagung „der künstlerischen Leistungen der Polen"). Vgl. Handschriftenabteilung der Staatsbibliothek zu Berlin, NL Andrae 542: Max Vasmer, Kulturbundbegründung, 03.07.1945, Rundfunkansprache, Bl. 6.

1946 ein SED-Mitglied, Wolfgang Steinitz, als Mitherausgeber und parteilichen Lenker zur Seite stellen. Den „demokratischen Aufbau", den Vasmer anfangs offen gewollt und unterstützt hatte, erlebte er nun als Abbau von Freiheitsrechten auch in Forschung und Lehre.

Der Umbau seines Faches zu einer „sozialistischen Slavistik" mit nationalem Erziehungsauftrag – wobei das nicht kritisch zu reflektierende „Erlebnis" Sowjetliteratur als Transmissionsriemen für die neue Ideologie dienen sollte – personalisierte sich für Vasmer in Gestalt des aus sowjetischem und schwedischem Exil zurückgekehrten Finnougristen Wolfgang Steinitz (Breslau 1905 - Ost-Berlin 1967). Er kannte ihn als 1932 promovierten und ein Jahr später vertriebenen Assistenten von Ernst Lewy am Ungarischen Institut der Universität Berlin. Vasmer befürwortete sogleich im Januar 1946 bei der Fakultät einen Lehrauftrag in Finnougristik für ihn. Aber Steinitz (SPD 1923, KPD 1927, 1929 - 42 Mitarbeiter des Sowjetischen Geheimdienstes „auf der Kominternlinie", SED 1946) stellte die Lehre in seinem Fach zurück und widmete sich über die Deutsche Zentralverwaltung für Volksbildung bis 1950 vor allem dem Neuaufbau der Slavistik in der DDR.[9] Er hatte dieses Fach nicht studiert, sprach aber Russisch und war ein ausgezeichneter, an der Prager strukturalen Schule orientierter Linguist. Steinitz propagierte nun die schon 1928 von Reinhold Trautmann und Heinrich Felix Schmid programmatisch für das Fach angemahnte Wende: weg von slavischer Philologie als

9 Wolfgang Steinitz' Russisches Lehrbuch, Stockholm 1945, war eine gezielte Vorbereitung seiner Rückkehr in das sowjetisch besetzte Nachkriegsdeutschland. In der DDR erreichte sein „Volkslehrbuch" (Vorwort) eine Millionenauflage. Zum Wissenschaftsorganisator Steinitz und seiner Rolle für die Slavistik in der DDR vgl. Marie-Luise Bott, „'Partisanenhaft und dilettantisch'. Der Streit um die „ideologischen Grundlagen" des Dozentenlehrgangs für Slavisten an der Humboldt-Universität 1950/51", in: Marc Schalenberg, Peter Th. Walther (Hg.), „... immer im Forschen bleiben". Rüdiger vom Bruch zum 60. Geburtstag, Stuttgart 2004, 265 - 295.

historisch-vergleichender Sprachforschung hin zu Sprache, Literatur und Kultur der Gegenwart. Doch unter den gegebenen politischen Umständen im sowjetisch besetzten Teil Deutschlands bedeutete das eindeutig wieder eine Ideologisierung des Faches, gegen die sich Vasmer in anderer Form schon in der NS-Zeit hatte zur Wehr setzen müssen. Der überzeugte Kommunist Steinitz wollte diese Wende. Einerseits unterrichtete er Russische Sprache der Gegenwart, Phonetik, Formenlehre und deskriptive Grammatik. Andererseits aber versuchte er sich in Seminaren über Sowjetliteratur (Scholochow, 1947), warb politisch mit „Sprachen und Völker der Sowjetunion" (1946) oder „Republiken und Nationalitäten der Sowjetunion" (1946/47) und eröffnete im Juni 1946 mit „fortschrittlichen" Studenten einen slavistischen Arbeitskreis zur Sowjetliteratur.
Vasmer erlebte Steinitz' Einsatz zunehmend als außerfachliche Einmischung und politische Einflußnahme auf die Studenten. Steinitz hatte 1934 - 37 in Leningrad gelehrt, danach in Stockholm (auch hier mit Sonderauftrag des NKWD). Aber er war nicht habilitiert. Als er mit Hinweis auf seine Studie zum finnischen Vokalismus auch ein Ordinariat an der Humboldt-Universität anstrebte, zögerte Vasmer mit seiner Befürwortung und wollte zunächst auswärtige Gutachten einholen. Da ließ sich Steinitz noch im März mit Hilfe der Zentralverwaltung für Volksbildung über die Fakultät hinweg von Rektor Stroux zum Professor ernennen. Dennoch holte Vasmer[10] bei dem Osloer Finnougristen Konrad Nielssen im Juni 1946 ein Gutachten über Steinitz' Arbeiten ein. Nielssens Assistent Asbjörn Nesheim äußerte sich uneingeschränkt positiv.[11] Daraufhin bat Vasmer am 5. August 1946 den Finnougristen Björn Collinder von der Universität Uppsala um ein weiteres Gutachten, wobei er die politischen

10 Er war seit 1923 Mitglied der Finnisch-Ugrischen Gesellschaft Helsingfors und seit 1936 der Osloer Akademie der Wissenschaften.

11 AAW, NL Vasmer: Brief von Nesheim an Vasmer, 04.07.1946.

Schwierigkeiten mit Steinitz nicht verschwieg.[12] Sieben Tage später erhielt er die offizielle Einladung zu einer Gastprofessur an der Universität Stockholm.[13]

Kurz vor seiner Abreise, im September 1947, gestand Vasmer seinem Leipziger Kollegen Reinhold Trautmann: „Gefährlich für unser ganzes Fach ist aber die Betätigung des Herrn Steinitz, der sich in organisatorischen Dingen sehr breit macht und nicht die nötigen Kenntnisse besitzt. (...) Wegen des gespannten Verhältnisses zu ihm würde ich eine Pause in meiner hiesigen Lehrtätigkeit recht gerne sehen."[14] Deutlicher wurde er dem Leipziger Slavisten Julius Forssmann gegenüber: Steinitz „hatte im Sommer die Taktlosigkeit, eine studentische Besprechung der Lehrpläne zu veranstalten, bei der er allein als Dozent erschien (...). Natürlich hat er bei dieser Versammlung Erfolg gehabt, weil er der Hauptredner war. Die Argumente zu Gunsten der älteren Philologie vertrat niemand. Nun geht er mit diesem Erfolg hausieren. Wenn das Programm Erfolg haben sollte, dann bleibt mir nichts anderes übrig, als mich aus dieser gesegneten Zone zu verziehen. Unter diesen Verhältnissen bedeutet die Einladung nach Schweden für mich eine Erholung".[15]

Als Herausgeber der Zeitschrift für slavische Philologie hatte Vasmer[16] schon früh Kontakt zu schwedischen Slavisten, unter anderem seit 1927 zu Knut Knutsson (1897 - 1989), Stadtbibliothekar in Stockholm, und seit 1933 zu Richard Ekblom (1874 - 1959), Ordinarius der Universität Uppsala 1921 - 39. Auch Gunnar Gunnarsson aus Stockholm (geb. 1899) veröffentlichte

12 AAW, NL Vasmer: Brief von Vasmer an Björn Collinder, Uppsala, 05.08.1946: Steinitz habe „ausgezeichnete Beziehungen zu den Behörden" und werde auch in Zukunft „von nicht wissenschaftlicher Seite weiter gefördert werden".

13 Ebd.: Lundberg an Vasmer, 12.08.1946.

14 Ebd.: Vasmer an Trautmann, 03.09.1947.

15 Ebd.: Vasmer an Forssmann, 08.09.1947.

16 Er wurde 1930 Mitglied der Wissenschaftlichen Gesellschaft Lund.

1937 eine polonistische Studie bei Vasmer. An Stockholms Hochschule gab es seit 1937 Lektorate für slavische Sprachen, aber noch kein Ordinariat. 1943 diskutierte man die Einrichtung eines Russischen Instituts bei der Hochschule, für das der Rektor und Mittelalter-Historiker Sven Tunberg 1944 Sponsoren aus Industrie und Handel gewann. Es wurde im November 1944 gegründet. Ab Herbst 1945 lehrte hier neben den Sprachlektoren außerplanmäßig Knutsson. Gunnarsson, der 1945 als Mitglied des Swedish Government's Great University Committee die Philologien an Schwedens Hochschulen reorganisiert hatte und Ordinarius in Uppsala war[17], übernahm 1946 für ein Jahr interimsweise Knutssons Nachfolge. Die Stockholmer Hochschule hatte im November 1944 zwar eine ordentliche Professur für slavische Philologie eingerichtet, aber sie war über drei Jahre vakant und wurde nur nebenamtlich von Stadtbibliothekar Knutsson, danach von Gunnarsson aufrechterhalten. Im August 1946 wandte man sich dann an den „führenden Slavisten" Max Vasmer in Berlin.[18] Rektor Sven Tunberg gegenüber wiederholte Vasmer seine Zusage zu einer Gastprofessur im Wintersemester 1947/48.[19]
Nach einem Semester Lehre bot ihm die Universität Stockholm im März 1948 das Ordinariat an.[20] Im Mai teilte die Presse des

17 Vgl. "On the Occasion of Professor Gunnar Gunnarsson's 60th Birthday", in: Scando-Slavica V/1959, 232f.

18 Vgl. den Internetartikel von Barbro Nilsson, Institutionen för slaviska och baltiska språk vid Stockholms universitet, 50 år. En historisk, Slaviska institutionen, Stockholms universitet 2007 (www.slav.su.se).

19 AAW, NL Vasmer: Vasmers Zusage an Lundberg, 28.08.1946, und seine Bestätigung an Rektor Tunberg, 21.04.1947, obgleich noch ohne Reiseerlaubnis.

20 So Vasmer an den Dekan der Humboldt-Universität am 25.04.1948. Er habe den Ruf angenommen, da in der SBZ der Pensionsanspruch für Professorenwitwen nicht mehr garantiert sei. Außerdem alarmierten ihn Zeitungsnachrichten über die Einschränkung der Lehrfreiheit. Vgl. Klaus-Dieter Seemann, „Die Slavistik an der Freien Universität Berlin", in: Hans-Bernd Harder u. a. (Hg.), Materialien zur Geschichte der Slavistik in Deutschland, Teil 1, Berlin 1982, 19 -

Amerikanischen Sektors mit, daß Vasmer es annehmen werde.[21] Daraufhin bat ihn der Berliner Historiker Fritz Hartung in einem langen persönlichen Brief, geschrieben nicht als stellvertretender Dekan, sondern als langjähriger Fakultäts- und Akademiekollege und „als Freund", zu einem Gespräch nach Berlin zu kommen: „Sie dürfen überzeugt sein, dass wir alle alles tun werden, um Ihnen das Verbleiben in Berlin möglich zu machen." Die Zentralverwaltung für Volksbildung werde auf alle seine Wünsche eingehen. Und zum Problem Steinitz empfahl Hartung: „Bedingungen, die sich auf andere Personen beziehen – Sie werden erraten, wen ich damit meine, – würde ich nur in diplomatisch verschleierter Form stellen, Begründung besser mündlich." Auch informierte Hartung aus seiner Sicht über die Relegation dreier Mitarbeiter der kritischen Studentenzeitschrift „Colloquium" von der Humboldt-Universität und die Pläne zur Gründung „einer zweiten Berliner Universität" im Westteil der Stadt, die in der aktuellen Presse kursierten: „Solange die einheitliche Verwaltung Berlins besteht, wird Berlin keine Mittel bewilligen dürfen, und der Tagesspiegelgedanke, das Geld durch freie Spenden aufzubringen, wird schon jetzt, erst recht aber nach der Währungsreform eine Illusion sein." Dennoch wirke sich die Unruhe in der Presse günstig aus: „Denn die Zentralverwaltung hat doch gemerkt, dass sie nicht zu viel kommandieren darf. Und wenn die Universität Rückgrat zeigt, wird sie davon Vorteil haben. Z. B. scheint jetzt endlich die Statutenverleihung in Gang zu kommen."[22]

37, hier 20. – Das Protokoll des „Teachers Council" der Stockholms högskola am 13. März 1948 weist im Anhang Schreiben von K. Knutsson, R. Ekblom und G. Gunnarsson vom 7., 12. und 27. Februar 1948 nach, die Vasmers Berufung befürworteten. Mitteilung von Tommy Eriksson, National Archives Stockholm, 20.08.2009.

21 „Die Neue Zeitung", 11.05.1948: „Prof. Dr. Max Vasmer, der bekannte Slawist der Berliner Universität (...), wird nach Berlin nicht mehr zurückkehren, da er nach schwedischen Zeitungsmeldungen eine ordentliche Professur an der Stockholmer Universität erhalten soll."

22 Vgl. Staatsbibliothek Preußischer Kulturbesitz, Handschriften-

Im Juni bot die Zentralverwaltung für Volksbildung Vasmer „die höchste Gehaltsstufe für besonders verdiente Wissenschaftler" an und versicherte, daß auch die Frage der Hinterbliebenenversorgung geklärt sei.[23] Doch Vasmer antwortete drei Tage vor Beginn der Berlin-Blockade, daß ihn zur Annahme des Stockholmer Rufes auch „die Befürchtung" bewogen habe, „daß ich von der internationalen Wissenschaft wieder ganz abgeschnitten werden könnte, wenn ich sofort nach Berlin zurückkehre, wo alle meine Bemühungen seit 1945, einen Austausch mit ausländischen Kollegen wieder herbeizuführen, vergeblich gewesen sind".[24] Bis zum Sommer 1949 hatte er die Stockholmer Professur inne.

Möglicher Kontext der Rede wäre also, daß Vasmer mit ihr aus Anlaß seiner Berufung vor der Fakultät oder dem gesamten Lehrkörper der Hochschule Rechenschaft ablegte über sein Verhalten und das der Berliner Professoren insgesamt im Nationalsozialismus.[25] Da er immer wieder auch auf Mitglieder

---

abteilung, NL Fritz Hartung, Nr. 37: Hartung, Berlin, 29.05.1948, an Vasmer in Stockholm.

23 Universitätsarchiv der Humboldt-Universität zu Berlin (UA HU), Personalakte (PA) Max Vasmer, Bd. II, Bl. 138: Theodor Brugsch (ZVV) an Vasmer, 15.06.1948.

24 Ebd., Vasmer aus Stockholm an Theodor Brugsch (ZVV), 21.06.1948. Am 10.10.1951 antwortete Vasmer auf eine Umfrage von Dekan Rohde, FU Berlin: „Während der Blockade habe ich mich genötigt gesehen, das mir angebotene Ordinariat in Stockholm anzunehmen" (UA FU, Bestand ZIOEI, Slawisches Seminar 1951 - 1952, 3b). Vgl. auch Max Vasmer, „Die slavische Philologie an der Friedrich-Wilhelms-Universität Berlin", in: Hans-Bernd Harder u. a. (Hg.), Materialien zur Geschichte der Slavistik in Deutschland, Teil 1, Berlin 1982, 11 - 17, hier 16; zuerst in: Hans Leussink, Eduard Neumann, Georg Kotowski (Hg.), Studium Berolinense. Aufsätze und Beiträge zu Problemen der Wissenschaft und zur Geschichte der Friedrich-Wilhelms-Universität zu Berlin, Berlin 1960, 545 - 553.

25 Im Bestand „Stockholms högskola (1878 - 1960)" der Swedish National Archives, Riksarkivet, findet sich nach Mitteilung von Dag Isacson, 04.06.2007, kein Material zu der Rede. Zu prüfen wären die Sitzungsprotokolle des Akademischen Senats vom Frühjahr 1948.

und Ereignisse der Mathematisch-naturwissenschaftlichen, der Juristischen und der Theologischen Fakultät eingeht (kaum auf die Medizinische, zu der er eindeutig wenig Beziehung hatte), liegt es nahe, einen Wissenschaftlerkreis wie die Professoren der Universität Stockholm als Zuhörerschaft anzunehmen.

Die Rede war von Vasmer nicht zur Veröffentlichung gedacht. Und das hing nicht nur mit dem von ihm selbst problematisierten Umstand zusammen, daß er allein auf sein Gedächtnis gestützt, „ohne Unterlagen" der Zeit (Bl. 2), dieses Gesamtbild seiner Universität im Nationalsozialismus entwerfen mußte. Er sprach aus der Perspektive eines Mitverantwortlichen, der sich nur auf eigenes Wissen und Erleben beziehen konnte. Insofern ist hier bis auf einige bemerkenswerte Details[26] auch kaum Neues für die Geschichtsforschung zur Berliner Universität und Wissenschaft im Nationalsozialismus zu erwarten. Die Rede interessiert aber als Binnensicht eines Wissenschaftlers, der von einer vergleichsweise marginalen Position aus, als Slavist, ein außerordentlich informiertes, markant strukturierendes und um Objektivität bemühtes politisches Porträt zeichnet. Von keinem

---

Den Antrittsvortrag vor der Akademie der Literatur, Geschichte und Altertümer zu Stockholm, die ihn 1949 zum Mitglied wählte, hielt Vasmer „Zur Frage der germanischen Einflüsse in den slavischen Sprachen".

26 Neu auf der Faktenebene: der Berufungsvorgang des Osteuropahistorikers Hans Übersberger (Bl. 12), die studentische Solidarisierung u. a. des später verfolgten Juristen Georg Maier mit Martin Wolff (Bl. 13), das „schwarze Konto" des Slavischen Instituts für staatlich nicht mehr förderbare Arbeiten (Bl. 15, 21), Vasmers Zugehörigkeit zur Bekennenden Kirche (Bl. 16), die Publikation politisch verfolgter Autoren unter Pseudonymen in der „Zeitschrift für slavische Philologie" (Bl. 22), Vasmers Verhör im SS-Ahnenerbe nach Gestapobesuch 1935 wegen angeblicher Grabungen (Bl. 23), der Grund für die Ermordung der Romanistin Margot Sponer 1945 (Bl. 16) und die Einschaltung von Sauerbruch bzw. der Reichsärztekammer zur Rettung von Kollegen aus dem KZ (Bl. 23).

anderen Berliner Ordinarius jener Zeit gibt es ein vergleichbares Dokument von solcher Dichte.[27]

Außergewöhnlich ist Vasmers freimütige Namensnennung und Kategorisierung seiner Kollegen. Etwas Ähnlichem begegnet man nur in dem 1942 für das Britische Foreign Office geschriebenen Bericht „Bonn University in Pre-Nazi and Nazi-Times (1923 - 1939)" des 1939 nach England geflohenen Bonner Orientalisten Paul Kahle (s. Bl. 18)[28] oder aber – ein anderes Genre – in Carl Zuckmayers „Geheimreport" für das Office of Strategic Services der

---

27 Friedrich Meinecke etwa (Emeritus 1928), bleibt in: Die deutsche Katastrophe. Betrachtungen und Erinnerungen, Wiesbaden 1946, gegenüber dem eigenen Arbeitsbereich Universität ganz unspezifisch: „Die Kultur des deutschen Geistes nannten wir als das zweite der Gebiete (...). Das Werk der Bismarckzeit ist uns durch eigenes Verschulden zerschlagen worden" (168). „So war nun also unsere Kultur des Geistes, voran Kunst, Dichtung und Wissenschaft, in hohem Grade schon mitangewiesen auf einen äußeren zivilisatorischen Apparat. Heute liegt dieser bei uns in Trümmern" (170).

28 Der Bericht mit dem Untertitel „Experiences of a German Professor" erschien im Juli 1945 als Privatdruck in London und wurde 1947, nachdem Kahle wieder in seine Rechte als Emeritus der Universität Bonn eingesetzt worden war, auf Wunsch der Philosophischen Fakultät an jedes Mitglied ausgegeben. Kahle schildert die „Nazifizierung" seiner Universität in vier Schritten: 1. „Entlassungen", 2. „Berufung von Nazis", 3. „Angehörige des Lehrkörpers wenden sich dem Nationalsozialismus zu", 4. „Die Professoren verlieren die Kontrolle über die Universität". Er schließt mit Überlegungen zur Zukunft der Bonner Universität nach dem Krieg. Rektor Heinrich Konen hatte die Schrift schon 1946 durch Karl Barth erhalten; vgl. das „Nachwort" von Wilhelm Bleek in: Marie Kahle, Was hätten Sie getan? Die Flucht der Familie Kahle aus Nazi-Deutschland / Paul Kahle, Die Universität Bonn vor und während der Nazi-Zeit (1923 - 1939), hg. von John H. Kahle und Wilhelm Bleek. Unter Mitarbeit von Horst-Pierre Bothien u. a., Bonn 1998, 165 - 167. Namen nennt mit kurzer fachlicher Charakteristik auch Leo Spitzers Bericht aus dem Exil „Die romanistischen Zeitschriften im Dritten Reich", in: Mass und Wert I, Heft 3, Jan./Febr. 1938, 473 - 478.

USA 1943/44.[29] So frei von persönlichen Rücksichten gegenüber langjährigen Kollegen spricht nur jemand, dem eine Rückkehr in den früheren Kreis undenkbar erscheint. Tatsächlich muß Vasmer bei Annahme des Stockholmer Rufs zu Beginn der Berlin-Blockade mit dem endgültigen Ende seiner Berliner Lehrtätigkeit gerechnet haben. Die Gründung einer Freien Universität war im Mai/Juni 1948 noch nicht absehbar.[30] Nach seiner Berufung an die Freie Universität im August 1949 konnte Vasmer aber um so weniger an eine Veröffentlichung der Stockholmer Rede denken. Dennoch kannte den Text – zumindest nach Vasmers Tod – vermutlich sein Schüler Herbert Bräuer.[31] Doch auch zum 100. Geburtstag

---

29 Hg. von Gunther Nickel und Johanna Schrön, Göttingen 2002. Im Auftrag des 1942 gegründeten ersten nationalen Auslandsgeheimdienstes der USA schrieb Zuckmayer (1896 - 1977) rund 150 „Charakterstudien über führende Persönlichkeiten des deutschen Kulturlebens" zur Information der zukünftigen Besatzungsmacht. Auszüge daraus erschienen am 03.10.1947 in der „Neuen Zeitung" in München und setzten Zuckmayer Vorwürfen von Verharmlosung bzw. Denunziation aus.

30 Aufgrund der Relegation von Mitarbeitern der Studentenzeitschrift „Colloquium" an der Berliner Universität und Studentenprotesten im April 1948 beauftragte die Stadtverordnetenversammlung den Magistrat am 11. Mai mit der Errichtung einer neuen Universität im Westteil von Berlin. Die Berlin-Blockade der Sowjets ab dem 24. Juni überzeugte die westlichen Besatzungsmächte Berlins von der Relevanz dieses Planes. Aber erst am 23. Juli 1948 erschien der Aufruf zur Gründung einer „Freien Universität" im Amerikanischen Sektor von Berlin. Am 4. Dezember fand die Eröffnung mit Gründungsrektor Friedrich Meinecke statt. Von den 128 Professoren, Dozenten und Lehrbeauftragten im Wintersemester 1948/49 kamen 8 Professoren und 15 Lehrbeauftragte von der Humboldt-Universität. Vgl. Manfred Scheler (Hg.), Berliner Anglistik in Vergangenheit und Gegenwart 1810-1985, Berlin 1987, 58 - 61.

31 Der Nachfolger auf dem Lehrstuhl von Vasmer an der FU 1964 - 1975 erwähnt in „Dem Gedenken an Max Vasmer anläßlich der Wiederkehr seines hundertsten Geburtstages am 28. Februar 1986", in: Norbert Reiter (Hg.), Max Vasmer zum 100. Geburtstag, Berlin 1987, 51 - 70, daß die Zeitschrift für slavische Philologie in der NS-Zeit politisch verbotene Autoren unter Decknamen publizierte. Das ist nur durch

von Vasmer 1986 dachte niemand aus seinem Umkreis an eine Publikation.

Wie stark sich Vasmer der liberalen Wissenschaftstradition der Berliner Friedrich-Wilhelms-Universität aus Kaiserreich und Weimarer Republik verbunden fühlte, bezeugt seine erste Ansprache 1949 im neuen Slavischen Institut der Freien Universität Berlin. Hier wollte er diese Tradition über die politische Teilung der Stadt hinweg fortgeführt sehen – ein Wunsch, der vom politischen Druck des Kalten Krieges auf das Osteuropa-Institut der Freien Universität ab 1951 noch nichts weiß:

> Meine lieben Kommilitonen! Die wenigsten von Ihnen kennen Berlin, wie es war ohne Ruinen und ohne Krieg. Die wenigsten werden aus eigener Anschauung wissen, was die Friedrich-Wilhelms-Universität und die Preussische Akademie der Wissenschaften in normalen Zeiten für die deutsche und für die europäische Wissenschaft bedeutet haben. Im Jahre 1847 (...) schrieb bereits der Moskauer Historiker Pogodin im Moskvitjanin (...) über das wissenschaftliche Leben in Berlin: ‚Die Berliner Universität ist die glänzendste Universität Deutschlands und folglich die beste Europas.' Dieses Urteil konnte auch noch mehr als ein halbes Jahrhundert später gefällt werden. In der Wissenschaft ist der preussische Name verbunden mit solidesten Leistungen bei bescheidenstem Aufwand. So war es noch in den 20er Jahren, obgleich der Aderlass des ersten Weltkrieges bereits manchen in eine Berliner Professur gebracht hat, die er sonst nicht erreicht hätte. Als ich 1925 Professor in Berlin wurde,

---

Vasmers Rede 1948 belegt (Bl. 22), die rote Unterstreichungen von fremder Hand aufweist. Von Vasmers Betreten öffentlicher Gebäude mit zwei besetzten Händen, um den Hitlergruß zu vermeiden (Bl. 9), wußte im Gespräch mit mir 1996 auch der Ost-Berliner Akademiehistoriker Conrad Grau.

verfügte die Berliner Philosophische Fakultät über fünf Nobelpreisträger und mehrere andere haben den Preis später erhalten. Der blosse Anblick solcher Männer wie Wilamowitz, W. Schulze, Ed. Norden, Brückner spornte die jüngeren Kollegen zu intensiver Arbeit an. Aber auch sonst war in Berlin bis in die neuen Kriegsjahre manches bemerkenswert: Nur hier habe ich pensionierte Landräte und Ministerialdirektoren angetroffen, die ihre ‚Emeritierung' benutzten, um Platos Schriften im griechischen Original Tag für Tag zu studieren. Es wimmelte auch von Studienräten, die wissenschaftlich in der ganzen Welt bekannt waren (Kirchner, Porntow, Viereck, Bolte, Steig). (...) So viele Anregungen wie in Berlin habe ich nirgends auf der Welt gehabt, und dieses hat mich immer wieder hierher zurückgezogen. Diese alte Berliner Tradition verpflichtet. Sie kann sich heute in West-Berlin besser behaupten als in Ost-Berlin, obgleich wir fast ohne Bibliotheken sind. Aber diese Verpflichtung müssen sowohl die Professoren wie die Studenten fühlen. Seien Sie überzeugt, dass Ihre Lehrer alle ernsten Bemühungen Ihrerseits zu unterstützen bestrebt sind und vergessen Sie nicht, dass die Wissenschaft frei ist und keine politischen oder konfessionellen Bindungen verträgt.[32]

32 UA FU, NL Vasmer: „Ansprache 20.12.1949, Weihnachtsfeier im Slavischen Institut, Berlin Dahlem", handschriftlicher 2. Entwurf (5 Bl.). Für den Hinweis auf die Rede danke ich Eike Eckert, FU Berlin.

Faksimile und Transkription

Quelle:
Archiv der Berlin-Brandenburgischen Akademie der Wissenschaften (AAW), NL Max Vasmer, Nr. 48, undatiert.

31 handschriftliche Blätter, von Vasmer als S. 1 - 11 paginiert (seine Seitennumerierung jeweils in Klammern).
Das übrige sind Ergänzungsblätter zu diesen 11 Seiten.
Abkürzungen im Manuskript wurden in der Transkription ausgeschrieben, Namensverschreibungen korrigiert („Hiss" zu His etc.), die Zeichensetzung dagegen nicht.
Die zweierlei Unterstreichungen im Text – in schwarzblauer Tinte von Vasmers Hand, darüber noch einmal mit Rotstift – wurden ihrer großen Zahl wegen nicht reproduziert.

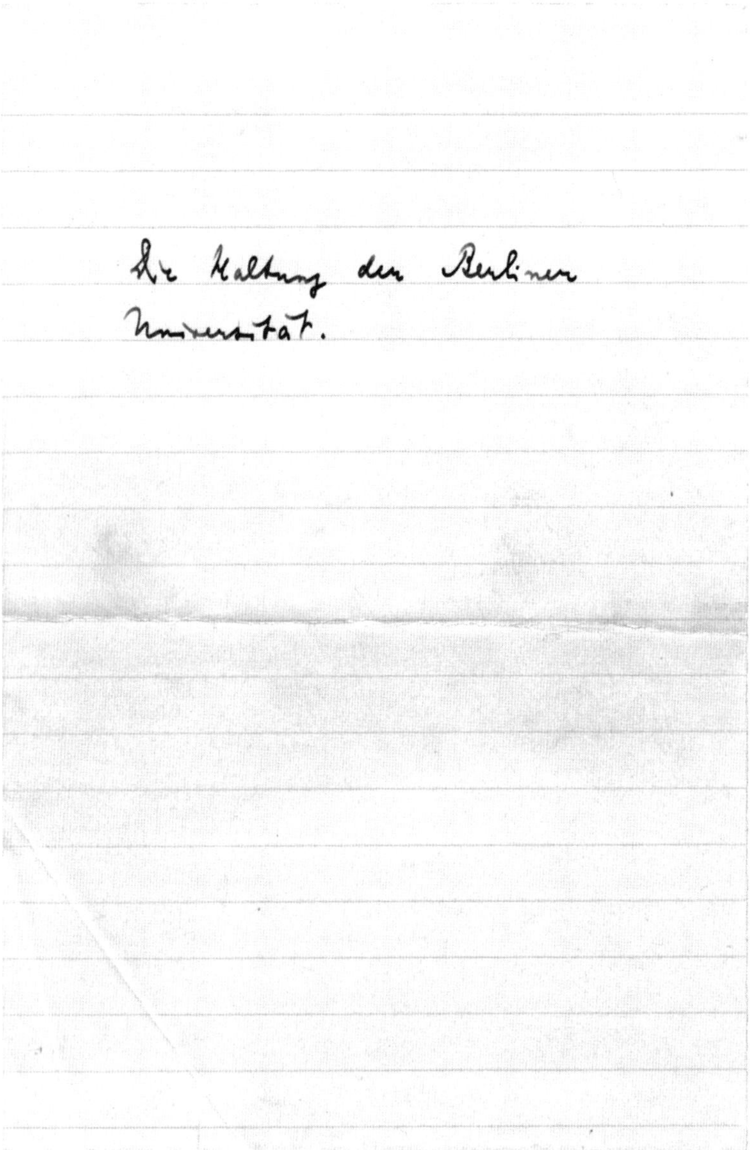
Die Haltung der Berliner Universität.

Bl. 1

Die Haltung der Berliner Universität.

Meine Herren! (1.)

Es ist nicht leicht für einen Deutschen, über die Haltung einer deutschen Universität in der Nazi-Zeit zu berichten, wenn man alles aus dem Gedächtnis, ohne Unterlagen, bringen muss und Vieles, was hinter den Kulissen geschah, nicht ge-[illegible] man weiss. Leichter wäre es ~~für mich~~ über [illegible] Einzel-[illegible] [illegible] (Planck, [illegible], Laue [illegible] allgem. Widerstand [illegible] ~~Haltung einzelner~~ Kollegen zu berichten. Im allgemeinen kann man sagen: Wir haben die grosse Gefahr des Nationalsoz. viel zu spät ganz erkannt. überrumpelt. [illegible] Der Widerstand war schlecht organisiert. Viele von uns ~~Wir~~ rechneten nur mit einer kurzen ~~Dauer~~. Man sprach von der Möglichkeit einer Einmischung fremder Mächte, von einer deutschen Militärdiktatur, die von Hindenburg eingesetzt werden könnte und von der Unmöglichkeit eines Krieges. Man erwartete ein Eingreifen der Wehrmacht u. es kam nicht. Die Rechtsstehenden erwarteten viel von Hugenberg u. Co., der ~~noch~~ in der Regierung war. Die Professorenschaft an den deutschen Universitäten war in der kaiserl. Zeit meist national-liberal. Nach dem ersten Weltkriege wurde diese Gruppe schwächer, ~~aber ihr gehörten~~ d. [illegible] sie zerfiel in Deutsch-nationale, D-Volkspartei und Demokraten. Die demokratische Partei war

Bl. 2 (1.)

Meine Herren!
Es ist nicht leicht für einen Deutschen, über die Haltung einer deutschen Universität in der Nazi-Zeit zu berichten, wenn man alles aus dem Gedächtnis, ohne Unterlagen, bringen muss und Vieles, was hinter den Kulissen geschah, nicht genau weiss. Leichter wäre es [durchgestrichen: für mich], über Einzelaktionen [durchgestrichen: die Haltung einzelner] verschiedener Kollegen zu berichten (Planck, Hahn, Laue), da allgemeiner Widerstand bald unmöglich. Im Allgemeinen kann man sagen: Wir haben die grosse Gefahr des Nationalsozialismus viel zu spät ganz erkannt. Der Widerstand war schlecht organisiert. Überrumpelt. Die ernsten Leute lachten. [Durchgestrichen: Wir] Viele von uns rechneten nur mit einer kurzen Dauer. Man sprach von der Möglichkeit einer Einmischung fremder Mächte, von einer deutschen Militärdiktatur, die von Hindenburg eingesetzt werden könnte und von der Unmöglichkeit eines Krieges. Man erwartete ein Eingreifen der Wehrmacht und es kam nicht. Die Rechtsstehenden erwarteten viel von Hugenberg und Co., der noch in der Regierung war. Die Professorenschaft an den deutschen Universitäten war in der kaiserlichen Zeit meist national-liberal. Nach dem ersten Weltkriege wurde diese Gruppe schwächer, [durchgestrichen: aber ihr gehörten d] sie zerfiel in Deutsch-nationale, Deutsche Volkspartei und Demokraten. Die demokratische Partei war

unter den Professoren die schwächste (ihr ge- 2
hörten z. B. an Meinecke, [Hintze,] R. Holtzmann, Delbrück)
stärker war die D. Volkspartei, die nach dem Tode
Stresemanns aber auch jede Bedeutung einbüsste.
Zu den Deutschnationalen gehörten Wilamowitz, W. Schulze,
Roethe, Stutz, ~~Sie~~ Ed. Meyer, [Wilcken.] Sie bildeten das
wissenschaftliche Gewissen der Universität, hatten
den grössten Einfluss im Senat, bei Rektor- und
Dekanswahlen. [sinnende Wirkung] Die [energischsten] ~~besten~~ von dieser ~~Männer~~ [Gruppe] waren
aber 1933 nicht mehr am Leben [oder zu alt.] ~~Sie~~ hätten durch
ihre Autorität vieles retten können. Ihre politischen
~~Gegner~~ [Nachfolger] hatten aber auf die Verwaltung den
grössten Einfluss [und hatten sich dort bewährt] und wir andern, die noch
nicht Dekane gewesen waren, haben die praktische
Erfahrung dieser Herren überschätzt u. uns zu sehr [auf sie verlassen.]
~~Meinecke 20 Jahre nicht Rektor,~~
Im Jahre 1933 war zur Zeit der Machtübernahme
das Berliner Rektorat: Kohlrausch Jurist
Prorektor war Lüders.
Sie haben ihre schwere Aufgabe versucht
durchzuführen. Kohlrausch hat antisemitische
Plakate entfernen lassen u. sich sehr mutig
im Kampfe um die Universität gezeigt. [Später vielleicht ~~anders~~.]
Er trat aber [1933] ~~nach~~ einigen Monaten zurück und
der zu weiche Senat stützte ihn anscheinend
nicht genügend.

Bl. 3 (2)

unter den Professoren die schwächste (ihr gehörten z. B. an Meinecke, Hintze, R. Holtzmann, Delbrück), stärker war die Deutsche Volkspartei, die nach dem Tode Stresemanns aber auch jede Bedeutung einbüsste. Zu den Deutschnationalen gehörten Wilamowitz, W. Schulze, Roethe, Stutz, Eduard Meyer, Wilcken. Sie bildeten das wissenschaftliche Gewissen der Universität, hatten den grössten Einfluss im Senat, bei Rektor- und Dekanwahlen. Sinkende Bildung. Die [durchgestrichen: besten] engagiertesten von dieser Gruppe [durchgestrichen: Männern] waren aber 1933 nicht mehr am Leben oder zu alt. Sie hätten durch ihre Autorität vieles retten können. Ihre politischen [durchgestrichen: Epigonen] Nachfolger hatten aber auf die Verwaltung den grössten Einfluss und hatten sich dort bewährt und wir andern, die noch nicht Dekane gewesen waren, haben die praktische Erfahrung dieser Herren überschätzt und uns zu sehr auf sie verlassen. Meinecke 20 Jahre nicht Rektor. Im Jahre 1933 war zur Zeit der Machtübernahme das Berliner Rektorat: Kohlrausch Jurist
Prorektor war Lüders.
Sie haben ihre schwere Aufgabe versucht durchzuführen. Kohlrausch hat antisemitische Plakate entfernen lassen und sich sehr mutig im Kampfe um die Universität gezeigt. Später vielleicht anders. Er trat aber 1933 nach einigen Monaten zurück und der zu weiche Senat stützte ihn anscheinend nicht genügend.

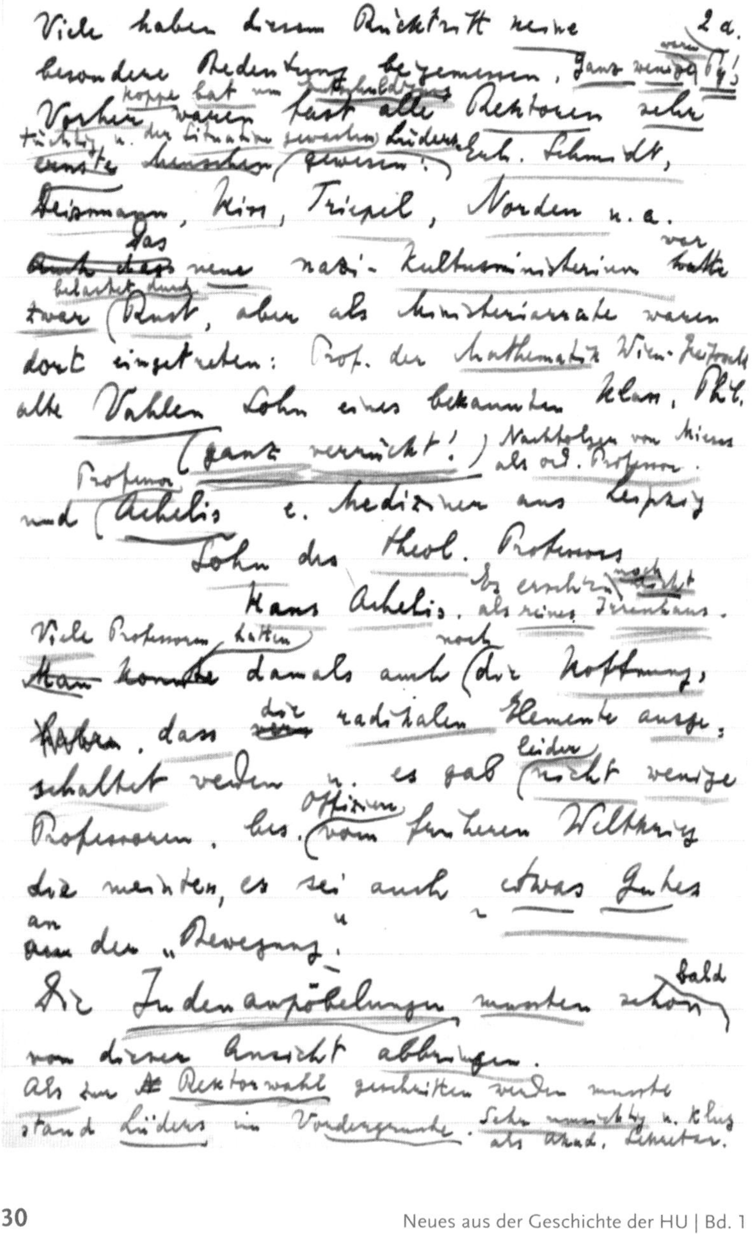
Viele haben diesem Rücktritt keine 2a.
besondere Bedeutung beigemessen. Ganz wenige [illegible]!
Vorher waren fast alle Rektoren sehr
tüchtig u. der Situation gewachsene Leiter ernste Menschen gewesen: Erh. Schmidt,
Heymann, Kiss, Triepel, Norden u.a.
Das neue nazi-Kultusministerium war
zwar (belastet durch Rust, aber als Ministerialräte waren
dort eingetreten: Prof. der Mathematik [illegible]
alte Vahlen Sohn eines bekannten klass. Phil.
(ganz verrückt!) Nachfolger von Mises als ord. Professor.
und (Achelis Professor e. Mediziner aus Leipzig
Sohn des theol. Professors
Hans Achelis. Es erschien nicht als reines Irrenhaus.
Viele Professoren hatten noch
damals auch (die Hoffnung,
dass die radikalen Elemente ausgeschaltet werden u. es gab leider (nicht wenige
Professoren, bes. Offiziere vom früheren Weltkrieg
die meinten, es sei auch „etwas Gutes"
an der „Bewegung".
Die Judenanpöbelungen mussten schon bald
von dieser Ansicht abbringen.
Als zur Rektorwahl geschritten werden musste
stand Lüders im Vordergrunde. Sehr vernünftig u. klug als akad. Lehrer.

Bl. 4 (2a.)

Viele haben diesem Rücktritt keine besondere Bedeutung beigemessen. Ganz wenige waren Pg's. Hoppe bat um Entschuldigung. Vorher waren fast alle Rektoren sehr [durchgestrichen: ernste Menschen] tüchtig und der Situation gewachsen gewesen: Lüders, Erh. Schmidt, Deissmann, His, Triepel, Norden u. a. [Durchgestrichen: Auch das] Das neue Nazi-Kultusministerium [durchgestrichen: hatte] war zwar belastet durch Rust, aber als Ministeriarrate [sic!] waren dort eingetreten: Prof. der Mathematik Wien-Greifswald alte Vahlen Sohn eines bekannten Klassischen Philologen (ganz verrückt!) Nachfolger von Mises als ordentlicher Professor und Professor Achelis ein Mediziner aus Leipzig Sohn des theologischen Professors Hans Achelis. Es erschien noch nicht als reines Irrenhaus.

[Durchgestrichen: Man konnte] Viele Professoren hatten damals auch noch die Hoffnung [durchgestrichen: haben], dass die radikalen Elemente ausgeschaltet werden und es gab leider nicht wenige Professoren, besonders Offiziere vom früheren Weltkrieg die meinten, es sei auch „etwas Gutes" an der „Bewegung".

Die Judenanpöbelungen mussten schon bald von dieser Ansicht abbringen.

Als zur Rektorwahl geschritten werden musste stand Lüders im Vordergrunde. Sehr umsichtig und klug als akademischer Sekretar.

~~Sein Charakter~~ machte ~~Rektorwahl~~
Lüders ~~hatte sich einen von den~~ Eindruck und Lü
hatte bei den Nazis einen schweren Stand. Während
seines Rektorats 1931-32 ~~war~~ vom Universitätsrichter Marquart
eine Disziplinaruntersuchung ~~wegen~~ der Horst Wessel-Angelegenheit vorgenommen worden, die nicht die von
den Nazis erhofften heroischen Ergebnisse [illegible] brachte.
Die Folge war die Entlassung des Univ.-Richters durch
die Nazis und die sehr prompte Emeritierung von Lüders 1933. Er kam also für eine Neuwahl nicht in Betracht, wegen Erreichung der Altersgrenze.
Bei der Neuwahl hatte Lüders den Vorsitz. Er
erklärte im Namen des Senats, dass Kohlrausch
keine Neuwahl annehmen würde u. empfahl den
Anthropologen Eugen Fischer, der auch mit einer
überwältigenden Mehrheit gewählt wurde.
~~Ich~~ Ich selbst habe ihn mitgewählt, weil seine
Rassenforschungen angeblich nicht zu den Nazi-Ansichten stimmten. ~~Er schien liberal, aber es~~ Er war der ungeeignetste
Mann, den man sich vorstellen konnte.
Ohne Würde, feige, ursp. frommer Katholik, Mittwochsges., trinkerisch. Sehr bald
trat er ~~der~~ der Partei bei und tat alles, was
die neuen Machthaber von ihm erwarteten.
Richtiger wäre es gewesen, Kohlrausch wiederzuwählen. Das war der schwerste Fehler,
der nicht zu korrigieren war.

Bl. 5 (2a.)

Rektorwahl

[Gestrichen: Der Prorektor hatte sich] Lüders machte einen müden Eindruck und hatte bei den Nazis einen schweren Stand. Während seines Rektorats 1931-32 war vom Universitätsrichter Marcard eine Disziplinaruntersuchung [gestrichen: wegen] der Horst-Wessel-Angelegenheit vorgenommen worden, die nicht die von den Nazis erhofften heroischen Ergebnisse brachte. Höchstzweifelhafter Mensch. Die Folge war die Entlassung des Universitäts-Richters durch die Nazis und die sehr prompte Emeritierung von Lüders 1933. Er kam also für eine Neuwahl nicht in Betracht wegen Erreichung der Altersgrenze.

Bei der Neuwahl hatte Lüders den Vorsitz. Er erklärte im Namen des Senats, dass Kohlrausch keine Neuwahl annehmen würde und empfahl den Anthropologen Eugen Fischer, der auch mit einer überwältigenden Mehrheit gewählt wurde.

Ich selbst habe ihn mitgewählt, weil seine Rassenforschungen angeblich nicht zu den Nazi-Ansichten stimmten. Er schien liberal aber er war der ungeeignetste Mann, den man sich vorstellen konnte. Ohne Würde, feige, kriecherisch. Ursprünglich frommer Katholik, Mittwochsgesellschaft. Sehr bald trat er der Partei bei und tat alles, was die neuen Machthaber von ihm erwarteten. Richtiger wäre es gewesen, Kohlrausch wiederzuwählen. Das war der schwerste Fehler, der nicht zu korrigieren war.

Der Widerstand der Universität wäre 26.
grösser gewesen, wenn die Nazis nicht
gleich zu Anfang sich ~~jüngerer~~ wiss. angesehener Leute bedient
hätten, die ~~[illegible]~~ sich als Juden oder Halbjuden ~~als Juden sich bedro~~
bedroht fühlten. Diese wurden aus Angst zu
Werkzeugen des Nationalsozialismus:

Heymann Jurist, auch Sekretär der Akademie,
„von schles. Bauern":

Bieberbach der früher als Jude galt und
um 1928 ein sehr guter Dekan gewesen war
Seine Frau verw. mit Landshoff.

Storm S-A Standartenführer, Rektor der
Techn. Hochschule wurde später als
Jude abgesetzt

Esau – Jena (Techn. Physik) weil jüd. Frau.

Lenard Nobelpreisträger
galt als ungar. Jude.

G. Rodenwaldt – hilflos, weil mit einer
Jüdin verheiratet. ~~[illegible]~~ Winckelm. feier 1933.

L. Deubner hilflos, weil jüdische 1. Frau
und Kinder in Gefahr.
aber doch noch verhältnismässig
anständig. nur sehr unentschlossen

Prof. Möglich Physiker

Dr. Meissner Assyrologe. Galt als Jude u.
wurde Pg. Schrift über seinen
Stammbaum.

Bl. 6 (2b.)

Der Widerstand der Universität wäre grösser gewesen, wenn die Nazis nicht gleich zu Anfang sich einiger wissenschaftlich angesehener Leute bedient hätten, die [durchgestrichen: wahrscheinlich als Juden sich bedr] sich als Juden oder Halbjuden bedroht fühlten. Diese wurden aus Angst zu Werkzeugen des Nationalsozialismus:

Heymann Jurist, auch Sekretar der Akademie,
„von schlesischen Bauern".

Bieberbach der früher als Jude galt und um 1928 ein sehr guter Dekan gewesen war. Seine Frau verwandt mit Landshoff.

Storm S-A Standartenführer, Rektor der Technischen Hochschule, wurde später als Jude abgesetzt

Esau – Jena (technische Physik) weil jüdische Frau.

Lenard Nobelpreisträger galt als ungarischer Jude.

G. Rodenwaldt – hilflos, weil mit einer Jüdin verheiratet. Winckelmannfeier 1933.

L. Deubner hilflos, weil jüdische 1. Frau und Kinder in Gefahr, aber doch noch verhältnismässig anständig, nur sehr unentschlossen.

Prof. Möglich Physiker

Br. Meissner Assyrologe. Galt als Jude und wurde PG. Schrift über seinen Stammbaum.

2c.

Andere machten mit, weil ihnen finanzielle Vorteile winkten und sie in Geldschwierigkeiten waren:

Joh. Stark – Nobelpreisträger, wurde trotz des Protestes ~~aller~~ der Akademien Berlin, Leipzig, Göttingen, München zum ~~Vor~~ Praesidenten der Notgem. ernannt.

Otto Scheel – Kiel war in Geldschwierigkeiten.

Trotzdem zeigte sich immer wieder, dass Not an bei den nazis Mann war:

1940: Grapow musste
1). Prorektor
2). Dekan
3). Kommiss. Vizepräsident der Akademie
4). Sekretar der Phil.-hist. Klasse.

Bl. 7 (2c.)

Andere machten mit, weil ihnen finanzielle Vorteile winkten und sie in Geldschwierigkeiten waren:

Joh. Stark – Nobelpreisträger, wurde trotz des Protestes [durchgestrichen: aller] der Akademien Berlin, Leipzig, Göttingen, München zum Praesidenten der Notgemeinschaft ernannt.

Otto Scheel – Kiel war in Geldschwierigkeiten.

Trotzdem zeigte sich immer wieder, dass bei den Nazis Not am Mann war:

1940: musste Grapow

1). Prorektor

2). Dekan

3). Kommissarischer Vizepräsident der Akademie

4). Sekretar der Philosophisch-historischen Klasse [sein].

2d.

Besonders begünstigt wurden
Schiffbrüchige Dozenten von Fächern:

Hoppe Bibliothek (märk. Geschichte).
Grapow Lexikograph d. Akademie.
Mensel Chemie SS-Brigadeführer
abgelehnt bei Habilitation von
Krüger – Greifswald.
Willing Gaudozentenführer

Ehemalige Sozialdemokraten wenn sie Busse taten.
Leute wie Wilh. Weber (alte Geschichte).
vill. Schaeder.

Das waren die schwachen Punkte, an denen
die Nazis ihre Hebel ansetzen konnten.

Neue Stellen wurden frei durch prompte
Emeritierungen: Lüders, Holtzmann, Oncken
Altersgrenze.
und durch Absetzung von jüdischen Professoren
durch Schaffung von unnötigen Ordinariaten für die es
keine guten Anwärter gab, wohl aber PG's

Neu Leibesübungen
Wehrgeographie
Kriegsgeschichte
Märkische Geschichte.
Polit. Pädagogik.

Bl. 8 (2d.)

Besonders begünstigt wurden
Schiffbrüchige Dozenten von früher:
Hoppe Bibliothekar (Märkische Geschichte).
Grapow Lexikograph der Akademie.
Mentzel Chemie SS-Brigadeführer abgelehnt bei Habilitation von Krüger – Greifswald.
Willing Gaudozentenführer
Ehemalige Sozialdemokraten wenn sie Busse taten.
Leute wie Wilhelm Weber (alte Geschichte).
vielleicht Schaeder.

Das waren die schwachen Punkte, an denen die Nazis ihre Hebel ansetzen konnten.

Neue Stellen wurden frei durch prompte Emeritierungen: Lüders, Holtzmann, Oncken
Altersgrenze.
und durch Absetzung von jüdischen Professoren
Durch Schaffung von unnötigen Ordinariaten, für die es keine guten Anwärter gab, wohl aber PG's
Nerz Leibesübungen
Wehrgeographie
Kriegsgeschichte
Märkische Geschichte
Politische Pädagogik.

Zur Einstellung einiger: [eingeführt] Viele von uns nur wenn im [Instituten]
Es Hitlergruß. unbequem zu umgehen.
Für mich leichter. 2 Ich sorgte dafür
daß beide Hände besetzt waren. Ein weltbekann[ter]
Der Gelehrter:
Emeritus Wilcken: „Ich dachte, das sei Vor-
schrift."
Wilcken hat ~~[illegible]~~ keine [sonst nie] Konzessionen an den N-S
[eines alten Beamten]
gemacht, aber diese Gewissenhaftigkeit ist
bezeichnend für verschiedene unserer Kollegen.

Bl. 9 (unnumeriert)

Zur Einstellung einiger:
Es [wurde] Hitlergruss eingeführt. Viele von uns nur wenn ins Ministerium. Unbequem zu umgehen.
Für mich leichter. Ich sorgte dafür, dass beide Hände besetzt waren.
Ein weltbekannter Gelehrter: Emeritus Wilcken: „Ich dachte, das sei Vorschrift“.
Wilcken hat [durchgestrichen: nie] sonst nie eine Konzession an den N-S gemacht, aber diese Gewissenhaftigkeit eines alten Beamten ist bezeichnend für verschiedene unserer Kollegen.

unter Fischers Rektorat wurden neue Fakultäten errichtet. 3a.

1) Die grosse Philosoph. Fakultät wurde gesprengt musste ihre Nationalökonomen an die Jurist. Fak. abtreten.
Die mathemat.-naturwiss. Fakultät wurde gegründet u. entführte uns die zuverlässigsten Mitglieder (Laue, Hahn, Planck, Noack,
Die Tierärztliche Hochschule kam zur Universität.
Wohl auch Forstakademie Eberswalde.
Später auch die Auslandswiss. Fakultät aus dem Seminar f. orient. Sprachen gebildet

2). Auflösung des Hochschulverbandes (Vorsitzender Otto Francke) während der Ferien im August 1933, als alle verreist waren. Ich in Timmendorf.

3). Z Ausschaltung der Emeriti, die auch schon vorher nur beratende Stimme in der Fak. hatten.

4). Verstärkte Zulassung jüngerer Dozenten zu den Fakultätssitzungen u. Rektorwahlen.

5) Aufhebung aller geheimen Abstimmungen u. schliesslich aller Abstimmungen, so dass jeder oppositionelle Vorstoss als ein unbedeutender Einzelversuch erschien.

Bl. 10 (3a.)

Unter Fischers Rektorat wurden neue Fakultäten errichtet.
1) Die grosse Philosophische Fakultät wurde gesprengt, musste ihre Nationalökonomen an die Juristische Fakultät abtreten.
Die mathematisch-naturwissenschaftliche Fakultät wurde gegründet und entführte uns die zuverlässigsten Mitglieder (Laue, Hahn, Planck, Noack,
Die Tierärztliche Hochschule kam zur Universität.
Wohl auch Forstakademie Eberswalde.
Später auch die Auslandswissenschaftliche Fakultät aus dem Seminar für orientalische Sprachen gebildet.
2). Auflösung des Hochschulverbandes (Vorsitzender Otto Franke) während der Ferien im August 1933, als alle verreist waren. Ich in Timmendorf.
3). Ausschaltung der Emeriti, die auch schon vorher nur beratende Stimme in den Fakultäten hatten.
4). Verstärkte Zulassung jüngerer Dozenten zu den Fakultätssitzungen und Rektorwahlen.
5) Aufhebung aller geheimen Abstimmungen und schliesslich aller Abstimmungen, so dass jeder oppositionelle Vorstoss als ein unbedeutender Einzelversuch erschien.

1933

Gut war noch der philosoph. Dekan 36.
Juristisch gebildet. Daher glückliche Formulierungen.
Hartung. Leider musste er 1934 wegen einer
schweren Erkrankung das Dekanat niederlegen.
Es kamen dann durch Wahlen mehrere sehr
an der Reihe
verängstigte Dekane (Defant, Rodenwaldt), die
alle nur kurze Zeit im Amt waren.
Schirmer, Schwyzer
An der Reihe waren nur: v. Kotte, Haenisch,
Dann ~~Nun~~ aber
Vasmer. wurden Dekanswahlen verboten u.
der erste ernannte Dekan war der Pg Korn
verhältnismäßig
der seine Sache ~~gewissenhaft~~ machte. Abgesehen
von blamablen anglistischen Habilitationen gegen
~~das~~ das Votum Schirmers. Was er unterließ, wissen wir nicht.
Als nach einigen Jahren Fischer vom Rektorat
zurücktreten musste, war Korn der Kandidat
~~Rektor~~
aller nicht-Nazis für den Posten. Sein Rival
war ein völlig unbedeutender Tierärztlicher Prof.
Krüger. Korn bekam bei den Wahlen bei weitem
damals noch Juden (Pokorny)
die meisten Stimmen, er wurde von der Regie-
rung nicht bestätigt. Das war die letzte
Rektorwahl. Später nur noch Ernennungen
gänzlich unfähigen
Krüger, Hoppe, Krentz.

Bl. 11 (3b.)

Gut war noch 1933 der philosophische Dekan Hartung. Juristisch gebildet. Daher glückliche Formulierungen. Leider musste er 1934 wegen einer schweren Erkrankung das Dekanat niederlegen. Es kamen dann durch Wahlen mehrere sehr verängstigte Dekane an die Reihe: Defant, Rodenwaldt, die alle nur kurze Zeit im Amt waren.
An der Reihe waren nun: von Dietze, Schirmer, Schwyzer, Haenisch, Vasmer. Dann wurden aber Dekanswahlen verboten und der erste ernannte Dekan war der Pg Horn der seine Sache verhältnismässig gewissenhaft machte. Abgesehen von blamablen anglistischen Habilitationen gegen das Votum Schirmers. Was er unterliess, wissen wir nicht.
Als nach einigen Jahren Fischer vom Rektorat zurücktreten musste, war Horn der Kandidat aller Nicht-Nazis für den Rektorposten. Sein Rivale war ein völlig unbedeutender Tierärztlicher Professor Krüger. Horn bekam bei den Wahlen bei weitem die meisten Stimmen damals noch Juden (Pokorny). Er wurde von der Regierung nicht bestätigt. Das war die letzte Rektorwahl. Später nur noch Ernennungen gänzlich unfähiger, Krüger, Hoppe, Kreuz.

~~Dekanatswahlen~~ Wahlen von Dekanen waren schon vorher ver- 3c.
boten worden: später nur noch ernannte
Dekane und zwar solche, die am wenigsten
Erfahrung hatten:

Breloer vom Priv.-Doz. Bonn → Ord. Berlin.
Franz Koch vom Bibliothekar Wien → Ord.
Grapow vom wiss. Beamten → Ord.

Proteste waren dadurch erschwert, dass
Rektoren u. Dekane viele Beschlüsse
nicht weitergaben, was man manchmal
erst ganz spät merkte.

Berufung Wunsberger: 1 Woche nach der
Ablehnung durch d. Kommission. (in der Zeitung.)
Auch Pressezensur.

Bl. 12 (3c.)

[Durchgestrichen: Dekanatswahlen] Wahlen von Dekanen waren schon vorher verboten worden: später nur noch ernannte Dekane und zwar solche, die am wenigsten Erfahrung hatten:

Breloer vom Privatdozenten Bonn zum Ordinarius Berlin.

Franz Koch vom Bibliothekar Wien zum Ordinarius

Grapow vom wissenschaftlichen Beamten zum Ordinarius

Proteste waren dadurch erschwert, dass Rektoren und Dekane viele Beschlüsse nicht weitergaben, was man manchmal erst ganz spät merkte.

Berufung Übersberger: 1 Woche nach der Ablehnung durch eine Kommission, in der Zeitung.

Auch Pressezensur.

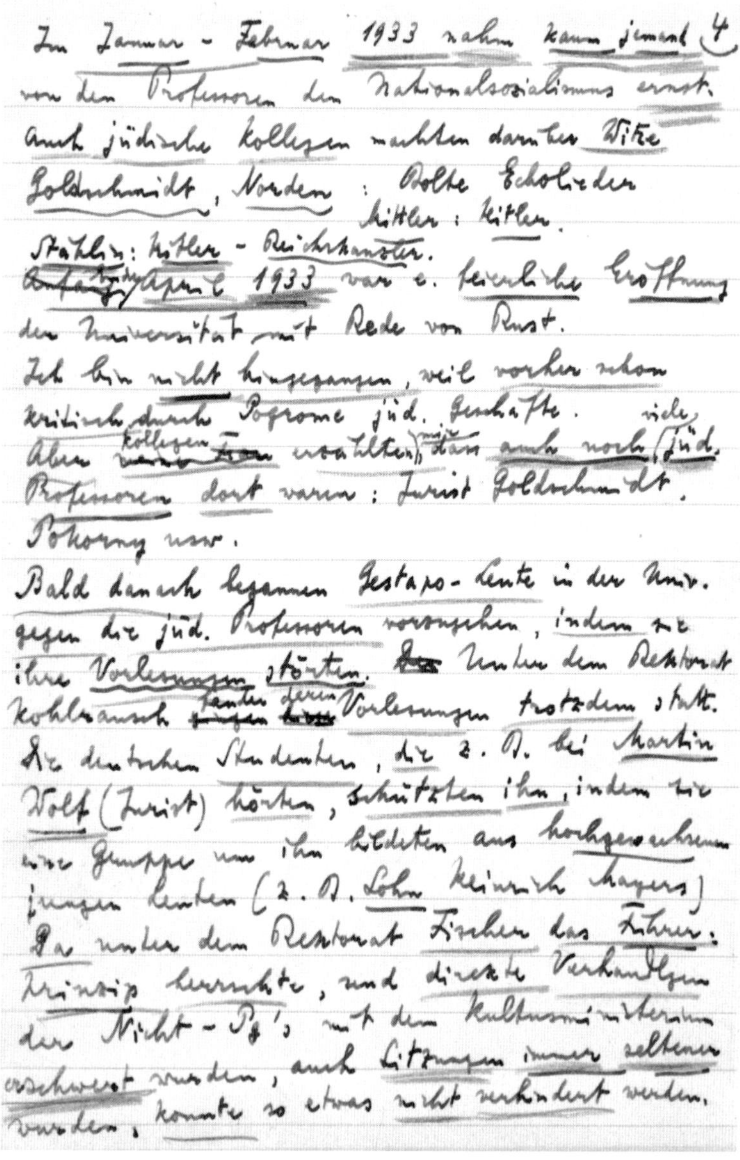
Im Januar – Februar 1933 nahm kaum jemand 4
von den Professoren den Nationalsozialismus ernst.
Auch jüdische Kollegen machten darüber Witze
Goldschmidt, Norden: Bolte Scholieder
Hitler: Kitler.
Stahlin: Hitler – Reichskanzler.
~~Anfang~~ April 1933 war e. feierliche Eröffnung
der Universität mit Rede von Rust.
Ich bin nicht hingegangen, weil vorher schon
kritisch ~~durch~~ Pogrome jüd. Geschäfte. viele
Aber ~~[illegible]~~ Kollegen wählten, mit dass auch noch jüd.
Professoren dort waren: Jurist Goldschmidt.
Pokorny usw.
Bald danach begannen Gestapo-Leute in der Univ.
gegen die jüd. Professoren vorzugehen, indem sie
ihre Vorlesungen störten. ~~[illegible]~~ Unter dem Rektorat
Kohlrausch ~~[illegible]~~ fanden deren Vorlesungen trotzdem statt.
Die deutschen Studenten, die z. B. bei Martin
Wolf (Jurist) hörten, schützten ihn, indem sie
eine Gruppe um ihn bildeten aus hochgewachsenen
jungen Leuten (z. B. Sohn Heinrich Mayers)
Da unter dem Rektorat Fischer das Führer-
Prinzip herrschte, und direkte Verhandlgen
der Nicht-Pg's mit dem Kultusministerium
erschwert wurden, auch Sitzungen immer seltener
wurden, konnte so etwas nicht verhindert werden.

Bl. 13 (4)

Im Januar-Februar 1933 nahm kaum jemand von den Professoren den Nationalsozialismus ernst. Auch jüdische Kollegen machten darüber Witze
Goldschmidt, Norden: Bolte Echolieder
Mittler: Hitler.
Stählin: Hitler – Reichskanzler.
[Durchgestrichen: Anfang] Ende April 1933 war eine feierliche Eröffnung der Universität mit Rede von Rust.
Ich bin nicht hingegangen, weil vorher schon kritisch durch Pogrome jüdischer Geschäfte.
Aber [durchgestrichen: meine Frau] Kollegen erzählten mir, dass auch noch viele jüdische Professoren dort waren: Jurist Goldschmidt, Pokorny usw.
Bald danach begannen Gestapo-Leute in der Universität gegen die jüdischen Professoren vorzugehen, indem sie ihre Vorlesungen störten. [Durchgestrichen: Der] Unter dem Rektorat Kohlrausch [durchgestrichen: gingen diese] fanden deren Vorlesungen trotzdem statt. Die deutschen Studenten, die z. B. bei Martin Wolff (Jurist) hörten, schützten ihn, indem sie eine Gruppe um ihn bildeten aus hochgewachsenen jungen Leuten (z. B. Sohn Heinrich Maiers). Da unter dem Rektorat Fischers das Führerprinzip herrschte, und direkte Verhandlungen der Nicht-Pg's mit dem Kultusministerium erschwert wurden, auch Sitzungen immer seltener wurden, konnte so etwas nicht verhindert werden.

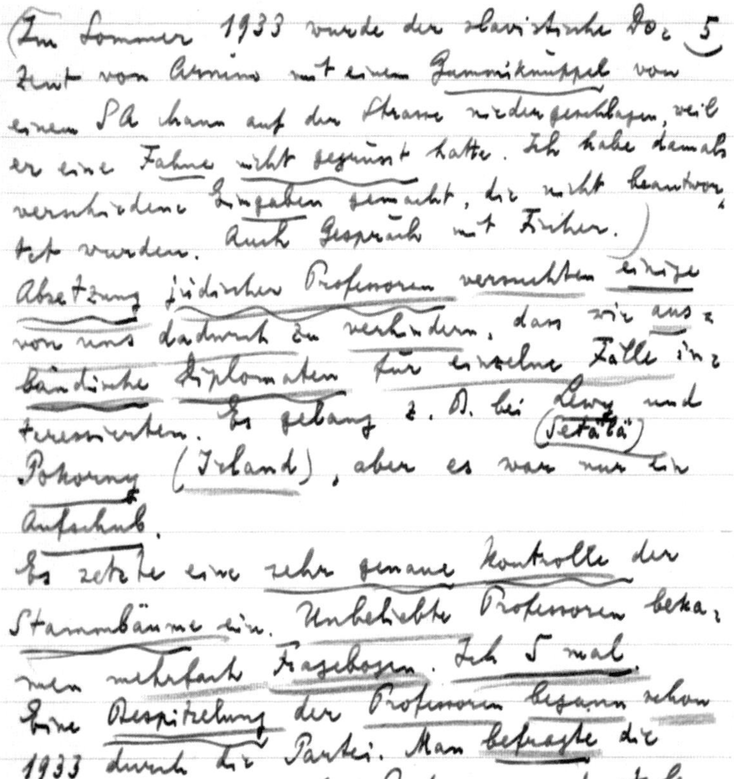
(Im Sommer 1933 wurde der slavistische Doz. Ernst von Arnim mit einem Gummiknüppel von einem SA Mann auf der Strasse niedergeschlagen, weil er eine Fahne nicht gegrüsst hatte. Ich habe damals verschiedene Eingaben gemacht, die nicht beantwortet wurden. Auch Gespräch mit Eicher.) 5

Absetzung jüdischer Professoren versuchten einige von uns dadurch zu verhindern, dass wir ausländische Diplomaten für einzelne Fälle interessierten. Es gelang z. B. bei Lewy (Setälä) und Pokorny (Irland), aber es war nur ein Aufschub.

Es setzte eine sehr genaue Kontrolle der Stammbäume ein. Unbeliebte Professoren bekamen mehrfach Fragebogen. Ich 5 mal.

Eine Bespitzelung der Professoren begann schon 1933 durch die Partei. Man befragte die Assistenten über ihre Professoren und ~~st~~ bespitzelte die Vorlesungen. ~~Bei mir~~ Im Slav. Institut herrschte eine Solidarität zwischen mir u. meinen Assistenten. Da es aber bekannt war, dass der Professor f. osteurop. Geschichte mit mir im Gegensatz war, wurde dessen Assistent nach mir genau ausgefragt. Zufällig

Bl. 14 (5)

Im Sommer 1933 wurde der slavistische Dozent von Arnim mit einem Gummiknüppel von einem SA Mann auf der Strasse niedergeschlagen, weil er eine Fahne nicht gegrüsst hatte. Ich habe damals verschiedene Eingaben gemacht, die nicht beantwortet wurden. Auch Gespräch mit Fischer.

Absetzung jüdischer Professoren versuchten einige von uns dadurch zu verhindern, dass wir ausländische Diplomaten für einzelne Fälle interessierten. Es gelang z. B. bei Lewy (Setälä) und Pokorny (Irland), aber es war nur ein Aufschub.

Es setzte eine sehr genaue Kontrolle der Stammbäume ein. Unbeliebte Professoren bekamen mehrfach Fragebogen. Ich 5 mal. Eine Bespitzelung der Professoren begann schon 1933 durch die Partei. Man befragte die Assistenten über ihre Professoren und bespitzelte die Vorlesungen. [Durchgestrichen: Bei mir] Im Slavischen Institut herrschte eine Solidarität zwischen mir und meinen Assistenten. Da es aber bekannt war, dass der Professor für osteuropäische Geschichte mit mir im Gegensatz war, wurde dessen Assistent nach mir genau ausgefragt. Zufällig war das auch mein Schüler Philipp. (6)

Eine grosse ~~Rolle~~ schon 1933 spielten die Vertreter der Fachschaften unter den Studenten. In meinem Inst. waren meine ersten Nazis und die Vertretung hatte eine zufällig in der Partei geratene ~~Offizierstochter~~ Studentin, Lindheim. Sie machte aber nicht ungenaue Angaben. Ebenso ~~Diener~~ Pedelle, der aber zufrieden mit mir war.

Wir suchten so lange es ging alle absurden Vorschriften zu umgehen.

Hitlerbilder: Bei mir keins, auch nicht bei Laue, Otto Hahn, Haenisch, Schirmer, Schwyzer u. a.

Nichtzulassung von Juden ins Institut. Bei mir erschienen sie, solange sie in Berlin waren.

Jüdische Ausländer durften noch studieren, als reichsdeutsche Juden nicht mehr konnten.

Gorlin, später Assistent in Paris, bekam von mir seine Arbeit auf Kosten des Slav. Inst. gedruckt aus einem Geheimfond.

Otto Franck wurde von der Berl. Akademie bis 1937 beschäftigt. Dann ging er nach Jugoslawien.

Hitlergruss haben viele bis zum Schluss nicht angewandt z. B. d. Wörterbuch

Strassensammlungen: fast alle.

Bl. 15 (6)

war das auch mein Schüler Philipp.

Eine grosse Rolle schon 1933 spielten die Vertreter der Fachschaften unter den Studenten. In meinem Institut waren keine echten Nazis und die Vertretung hatte eine zufällig in die Partei geratene [durchgestrichen: Offiziers-Tochter] Studentin von Lindheim. Sie machte über mich ungenaue Angaben. Ebenso [durchgestrichen: Diener] Pedelle, die aber zufrieden mit mir waren.

Wir suchten so lange es ging alle absurden Vorschriften zu umgehen.

Hitlerbilder: Bei mir keins, auch nicht bei Laue, Otto Hahn, Haenisch, Schirmer, Schwyzer u. a.

Nichtzulassen von Juden ins Institut. Bei mir erschienen sie, solange sie in Berlin waren.

Jüdische Ausländer durften noch studieren, als reichsdeutsche Juden [es] nicht mehr konnten.

Gorlin, später Assistent in Paris, bekam von mir seine Arbeit auf Kosten des Slavischen Instituts gedruckt aus einem Geheimfond.

Otto Franck wurde von der Berliner Akademie bis 1937 beschäftigt. Dann ging er nach Jugoslawien.

Hitlergruss haben viele bis zum Schluss nicht angewandt z. B. Deutsches Wörterbuch fast alle.

Strassensammlungen:

Besonders verfolgt durch den nationalsoz. 6a.
wurden:
1) Professoren, die sich vorher öffentlich [in Druck] gegen den Nat. ausgesprochen hatten.
2). Angehörige der bekennenden Kirche, die dort führend waren: Smend - Göttingen Dress.
Dietze - Freiburg.
Ich trat der Bek. Kirche erst 1933 bei, das ist wohl nicht bemerkt worden.
3). Alle jüdischen Professoren und jüdisch verheiratete: Ranke, Victor, W. Jäger.
~~Ubbelohde Schlenk versetzt~~.
Ausnahme: wer Renegat war. Solche Professoren jüdische Assistenten ~~hatten~~: Schlenk, Ubbelohde. W. Köhler.
4). Wer einen noch beliebteren Konkurrenten hatte: Brinckmann Goldenes Sportabzeichen weil Pinder Regimentskamerad von Rust.
5). Pazifisten, die sich für Gumbel früher eingesetzt hatten.
6) Freunde des Bolschewismus
Hoetzsch obgleich dienstbeflissen.
7). Wenn jemd. wichtige Geheimnisse der führenden Schicht kannte: Sponer. ermordet.

Bl. 16 (6a.)

Besonders verfolgt durch den Nationalsozialismus wurden:

1) Professoren, die sich vorher öffentlich im Druck gegen den Nationalsozialismus ausgesprochen hatten.

2). Angehörige der Bekennenden Kirche, die dort führend waren:

Smend – Göttingen Dress.

Dietze – Freiburg.

Ich trat der Bekennenden Kirche erst 1933 bei, das ist wohl nicht bemerkt worden.

3). Alle jüdischen Professoren und jüdisch verheiratete: Ranke, Viëtor, W. Jaeger.

[Durchgestrichen: Ubbelohde Schlenk versetzt.]

Ausnahme: wer Renegat war.

Solche Professoren, die jüdische Assistenten hatten: Schlenk, Ubbelohde, W. Köhler.

4). Wer einen noch beliebteren Konkurrenten hatte:

Brinckmann Goldenes Sportabzeichen

weil Pinder Regimentskamerad von Rust.

5). Pazifisten, die sich für Gumbel früher eingesetzt hatten.

6) Freunde des Bolschewismus.

Hoetzsch obgleich dienstbeflissen.

7). Wenn jemand wichtige Geheimnisse der führenden Schicht kannte: Sponer, ermordet.

Vieles hing vom Zufall ab: 6a 1.

Ich nicht abgesetzt, weil niemand da war, der auch das Praktische beherrschte. (Trautmann – Gumbel) Bernecker, Krank

Ausserdem machten für mich einige Nazis 1933 Propaganda auf Parteiversammlungen
wie B. von Richthofen, C. Engel
wegen Wikingern in Russland 1931.
do in Polen 1930.
Burgundername 1933.

Günstig für mich war, dass ich 1927 in Krakau von der Akad. gewählt u. nicht bestätigt war. 1937 do.
Auch ausländische Akademie-Mitgliedschaften schützten.
Ferner: meine bolschewistenfreundl. Aktion unterstützt, wie Koetzsch.

Bl. 17 (6a1.)

Vieles hing vom Zufall ab:
Ich nicht abgesetzt, weil niemand da war, der auch das Praktische beherrschte.

(Trautmann – Gumbel
Berneker – krank)

Ausserdem machten für mich einige Nazis 1933 Propaganda auf Parteiversammlungen
wie B. von Richthofen, C. Engel
wegen Wikinger in Russland 1931.
dito in Polen 1930.
Burgundername 1933.

Günstig für mich war, dass ich 1927 in Krakau von der Akademie gewählt und nicht bestätigt war. 1937 dito.
Auch ausländische Akademie-Mitgliedschaften schützten.
Ferner: Keine bolschewistenfreundliche Aktion unterstützt, wie Hoetzsch.

Viele Berufungen wurden durch das Kultus- 6 b.
ministerium verhindert, weil die betr. Herren
politisch nicht gewünscht wurden:

G. Ritter — Schramm
K. Reinhardt — Alt
Herm. Schneider — von [illegible]
Junker – Wien
E. R. Curtius
Jantzen – München
Kahle
H. F. Schmid.

Statt dessen fanden viele Ernennungen gegen
den Willen der Fakultät oder ohne Befragung
statt:

Bäumler — Schüssler.
Reinerth
Nörr Leibesübungen
v. Niedermayer Wehrgeographie.
Elze
Schönemann
Hoppe
Mühlhausen
Gerullis
Übersberger
Schering Wehrpsychologie.

Bl. 18 (6b.)

Viele Berufungen wurden durch das Kultusministerium verhindert, weil die betreffenden Herren politisch nicht gewünscht wurden:

G. Ritter	*Schramm*
K. Reinhardt	*Alt*
Herm. Schneider	*von Merhart*
Junker – Wien	
E. R. Curtius	
Jantzen – München	
Kahle	
H. F. Schmid.	

Statt dessen fanden viele Ernennungen gegen den Willen der Fakultät oder ohne Befragung statt:

Baeumler	*Schüssler.*
Reinerth	
Nerz Leibesübungen	
von Niedermayer Wehrgeographie.	
Elze	
Schönemann	
Hoppe	
Mühlhausen	
Gerullis	
Übersberger	
Schering Wehrpsychologie.	

So wurde die Widerstandskraft der 6c
Fakultäten gebrochen und eine gefügige
Mehrheit geschaffen.

Bl. 19 (6c)

So wurde die Widerstandskraft der Fakultäten gebrochen und eine gefügige Mehrheit geschaffen.

Jede neue Besetzung eines Lehrstuhls musste 62.
erkämpft werden. ~~Dissertation Behrends Ranke~~
~~entführt bis Kanzlei Hitlers~~

Ablehnung Hermann Wirths, Lück's.

Kampf um die Psycholog. Professur
Kroh dauerte mehrere Jahre.

Kampf um die Volkskunde
Spamer gegen Spies, Specht – Günkert
Pfeitz, Kuhn, u. Koefler.

Jede Habilitation von nicht-Pg's war
mit grossen Schwierigkeiten verbunden.

Wir haben trotzdem mehrere jüngere Leute
habilitiert, die ~~keine~~ politisch ~~Pg~~ nicht ~~waren~~ gewünscht wurden:

Philipp
Woltner
Wissmann
Retzel
W. Simon
P. Wirth
Feyer

Dissertationen machten Schwierigkeiten:
Behrends gegen Neckels Votum
Hübner, ich, Sethe.
bis Kanzlei Hitlers. 1934–1942

Bl. 20 (6d.)

Jede neue Besetzung eines Lehrstuhls musste erkämpft werden. [Durchgestrichen: Dissertation Behrens Runen ca. 7 Jahre bis Kanzlei Hitlers]

Ablehnung Herman Wirths, Lück's.

Kampf um die Psychologische Professur Kroh dauerte mehrere Jahre.

Kampf um die Volkskunde

Spamer gegen Spiess, Specht – Güntert

Pyritz, Kuhn. ~ Hoefler.

Jede Habilitation von nicht-Pgs war mit grossen Schwierigkeiten verbunden.

Wir haben trotzdem mehrere jüngere Leute habilitiert, die [durchgestrichen: keine Pg waren] politisch nicht gewünscht wurden:

Philipp

Woltner

Wissmann

Pretzel

W. Simon

P. Wirth

Feyer

Dissertationen machten Schwierigkeiten:

Behrens gegen Neckels Votum

Hübner, ich, Sethe.

bis Kanzlei Hitlers. 1934 - 1942.

Bespitzelung von Vorlesungen konnte umgan- (7)
gen werden: 1) in der Literaturgeschichte durch
~~Gespräche~~ Eröffnungen über deutsche Einflüsse oder durch
unverständliche Zitate in slav. Sprachen
Leute in Berlin nicht möglich, weil Slavisch
verständlich.
2) in der Sprachwiss. wenn deutsche Lehnwörter etc.
oder german. ON.
Gelegenheit. Aus meiner Praxis
Verweise: bei jeder ~~ich~~ 1). Wegen Annahme einer jüd.
Dissertation Heller: die Lage der Juden in der [illegible]
2). Wegen Korrespondenz mit dem bulgarischen
Gesandten wegen des bulgar. Lektors Janeff, der
Nazi war u. Geld in Bulgarien unterschlagen hatte. Der
Inhalt der Briefe wurde Herrn Janeff mit-
geteilt. Er blieb.
3). Wegen Olesch Dialekte Oberschlesiens
das verboten wurde. Schulenburg Wend. Volkstum
Rust-Geld. Göbbels Verbot.
4). Wegen Nichthabilitierung von L. W. Neumann
5). Vortrag über märkische ON 1940. Verboten.
Nicht bemerkt wurde: Heine-Artikel 1938.
Polenkorrespondenz 1940 ff.
Schwarzes Instituts-Konto für Veröffentlichungen

Bl. 21 (7.)

Bespitzelung von Vorlesungen konnte umgangen werden: 1) in der Literaturgeschichte durch [durchgestrichen: Gespräche] Erörterungen über deutsche Einflüsse oder durch unverständliche Zitate in slavischen Sprachen. Heute in Berlin nicht möglich, weil Slavisch verständlich.
2) in der Sprachwissenschaft wenn deutsche Lehnwörter etc. oder germanische Ortsnamen.
Verweise: bei jeder Gelegenheit. Aus meiner Praxis 1). Wegen Annahme einer jüdischen Dissertation Heller: Die Lage der Juden in der Sowjetunion.
2). Wegen Korrespondenz mit dem bulgarischen Gesandten wegen des bulgarischen Lektors Janeff, der Nazi war und Geld in Bulgarien unterschlagen hatte. Der Inhalt der Briefe wurde Herrn Janeff mitgeteilt. Er blieb.
3). Wegen Olesch Dialekte Oberschlesiens, das verboten wurde. Schulenburg Wendisches Volkstum, Rust – Geld. Goebbels Verbot.
4). Wegen Nichthabilitierung von Fr. W. Neumann.
5). Vortrag über Märkische Ortsnamen 1940. Verboten.
Nicht bemerkt wurde: Heine-Artikel 1938. Polenkorrespondenz 1940ff.
Schwarzes Instituts-Konto für Veröffentlichungen.

Vorschriften für Schriftleiter wurden umgangen,
indem 1). Decknamen für verbotene Autoren
eingeführt.
2). Nichtar. Verfasser doch gedruckt
wurden.
3) Verbotene Themen behandelt.
Slavische O.N. in Ostdeutschland.
Slavische Dialekte in Deutschland
~~bis~~ seit 1939 verboten.

Bl. 22 (unnumeriert)

Vorschriften für Schriftleiter wurden umgangen, indem

1). Decknamen für verbotene Autoren eingeführt.

2). Nichtarische Verfasser doch gedruckt wurden.

3). Verbotene Themen behandelt.

Slavische Ortsnamen in Ostdeutschland.

Slavische Dialekte in Deutschland die seit 1939 verboten.

Eine solche Freiheit genoss man nur, wenn man 8.
zuverlässiges Instituts-Personal hatte.
Andere Kollegen wurden oft durch ihre Assistenten
denunziert u. hatten dadurch Schwierigkeiten.
Trotzdem einmal wegen Runensteine. Gestapobesuch.
Markowski - Posen — Klaffenbach
eine Inschrift.
Verdacht: 1). Dass mein Institut unerlaubte
Grabungen veranstaltet.
2). Dass in den Gewölben der Preuss. Akad.
Runensteine verborgen gehalten werden.
S-S Verhör vom Ahnenerbe. war die
Folge.
Im Kriege war Korrespondenz mit Polen ganz
verboten. Verbindung mit dem Auslande sehr
erschwert. Viele von uns haben trotzdem
korrespondiert.
Viele Aktionen für verhaftete Professoren
Polen, Norw. Franzosen, Tschechen.
Oft umsonst, manchmal mit Erfolg
Sauerbruch, Westermann. Res. Reichsärztekam-
mer. Moltke, Roth kammer u. Ausw. Amt

Bl. 23 (8.)

Eine solche Freiheit genoss man nur, wenn man zuverlässiges Instituts-Personal hatte.

Andere Kollegen wurden oft durch ihre Assistenten denunziert und hatten dadurch Schwierigkeiten.

Trotzdem einmal wegen Runensteine[n]. Gestapobesuch:

Markowski – Posen – Klaffenbach

eine Inschrift.

Verdacht: 1). Dass mein Institut unerlaubte Grabungen veranstaltet.

2). Dass in den Gewölben der Preussischen Akademie Runensteine verborgen gehalten werden.

S-S Verhör von Ahnenerbe war die Folge.

Im Kriege war Korrespondenz mit Polen ganz verboten. Verbindung mit dem Auslande sehr erschwert. Viele von uns haben trotzdem korrespondiert.

Viele Aktionen für verhaftete Professoren

Polen, Norweger, Franzosen, Tschechen.

Oft umsonst, manchmal mit Erfolg.

Sauerbruch, Westermann. Besonders Reichsärztekammer. Moltke, Roth kamen in Auswärtiges Amt.

– Dass die Berliner – Universität den (9.8)
Nazis als ein Widerstandszentrum erschien ist
daraus zu ersehen, dass ~~man~~ von uns nicht Zugehörigkeit
zur Partei verlangte. Die älteren Professoren
liess man lesen. Sie galten als notwendiges
Übel. Die ~~alt~~ jüngeren Dozenten wurden aber
in die Partei gedrängt
Es kam viel auf den Professor an.
Rörig, F. Koch, Gamillscheg, Strelöer

Besonders schlimm waren die Verwüstungen
auf der Theolog. Fakultät, wo viele Lehrstühle
nicht besetzt werden konnten.
Nach dem Zusammenbruch dort nur 3 Doz.
Eltester, Dress, Schneider
Alle andern abgesetzt.
Auch Juristische Fak. behielt nur 1 Ordin.
nach dem Kriege: Kohlrausch.

Bl. 24 (9.a)

– Dass die Berliner Universität den Nazis als ein Widerstandszentrum erschien ist daraus zu ersehen, dass man von uns nicht Zugehörigkeit zur Partei verlangte. Die älteren Professoren liess man lesen. Sie galten als notwendiges Übel. Die jüngeren Dozenten wurden aber in die Partei gedrängt.

Es kam viel auf den Professor an.

Rörig, F. Koch, Gamillscheg, Breloer

Besonders schlimm waren die Verwüstungen auf der Theologischen Fakultät, wo viele Lehrstühle nicht besetzt werden konnten.

Nach dem Zusammenbruch dort nur 3 Dozenten

Eltester, Dress, Schneider

Alle andern abgesetzt.

Auch Juristische Fakultät behielt nur 1 Ordinarius nach dem Kriege: Kohlrausch.

Standhafte Professoren:

von Laue, Planck, Otto Hahn.
Vollmer, Bodenstein, Schlenck.
Schücking, Frings, Litt.
Holtzmann, Meinecke, Haenisch, v. Dietze
Schirmer, Westermann, Sering.
Arthur Hübner
Deissmann
Sethe, Erman.

Litt
Schücking
Frings.

auch Kuhn. Zu still: Spranger, N. Hartmann.
Wir versuchten Verwirrung zu stiften
1) Judenbänke.
2). Gutachten über nationale Einstellung unserer Schützlinge.

Bl. 25 (unnumeriert)

Standhafte Professoren:

von Laue, Planck, Otto Hahn,

Volmer, Bodenstein, Schlenk,

Schücking, Frings, Litt.

Holtzmann, Meinecke, Haenisch, von Dietze

Schirmer, Westermann, Sering.

Arthur Hübner	*Litt*
Deissmann	*Schücking*
Sethe, Erman.	*Frings.*

Auch Kuhn. Zu still: Spranger, N. Hartmann.

Wir versuchten Verwirrung zu stiften

1) Judenbänke.

2). Gutachten über „nationale" Einstellung unserer Schützlinge.

10

Als die Universität schon eine Nazi-Verwaltung hatte, versuchte die Preuss. Akademie und das Kartell der deutschen Akademien auf einer Tagung in Berlin einige von den sinnlosen Massnahmen der Nazis durch Verhandlungen zu beseitigen.

Planck persönlich hatte eine Audienz bei Hitler, die aber erfolglos verlief.
wegen Haber, Meitner, James Franck.
Plancks Sohn = Opfer des 20. Juli 1944.

Auch mehrere von uns haben vergebliche Schritte beim R.-Min. unternommen
Hahn wegen Meitner.
Sering u. Dietze wegen d. Agrargesetzgebung.

Akademie blieb schliesslich ohne Präsidenten weil Wahl (von Rust) verboten, nachdem der komm. Leiter Grapow gesehen hatte, dass er nicht gewählt würde.

Bl. 26 (10)

Als die Universität schon eine Nazi-Verwaltung hatte, versuchte die Preussische Akademie und das Kartell der deutschen Akademien auf einer Tagung in Berlin einige von den sinnlosen Massnahmen der Nazis durch Verhandlungen zu beseitigen.
Planck persönlich hatte eine Audienz bei Hitler, die aber erfolglos verlief. Wegen Haber, Meitner, James Franck. Plancks Sohn = Opfer des 20. Juli 1944.
Auch mehrere von uns haben vergebliche Schritte beim Kultusministerium unternommen
Hahn wegen Meitner
Sering und Dietze wegen der Agrargesetzgebung.

Akademie blieb schliesslich ohne Präsidenten weil Wahl von Rust verboten, nachdem der kommissarische Leiter Grapow gesehen hatte, dass er nicht gewählt würde.

Um zum Schluss zu kommen 11.

(— Es sind zweifellos von uns schwere Fehler gemacht worden, aber nicht nur von uns.

~~Ich bitte~~ Es muss berücksichtigt werden,

1) dass es heute nicht üblich ist jeden Russen für den Bolschewismus für verantwortlich zu halten. Bei Deutschen neigt man mehr dazu zu verallgemeinern.

2) dass die Nachgiebigkeit vieler ausländischer Staatsmänner aus Hitler eine einflussreiche Figur gemacht ~~haben~~ hat u. ihm zu Erfolgen verhalfen.

3). dass vor 1933 viel kostbare Zeit verstrich in der man unseren ehrlich demokratischen Diplomaten (Stresemann) den verdienten Erfolg bei Verhandlungen mit den Siegern von 1918 verweigerte.

Bl. 27 (11.)

Um zum Schluss zu kommen
– Es sind zweifellos von uns schwere Fehler gemacht worden, aber nicht nur von uns. [Durchgestrichen: Ich bitte] Es muss berücksichtigt werden,
1) dass es heute nicht üblich ist jeden Russen für den Bolschewismus für verantwortlich zu halten. Bei Deutschen neigt man mehr dazu zu verallgemeinern.
2) dass die Nachgiebigkeit vieler ausländischer Staatsmänner aus Hitler eine einflussreiche Figur gemacht hat und ihm zu Erfolgen verhalf.
3). Dass vor 1933 viel kostbare Zeit verstrich in der man unseren ehrlich demokratischen Diplomaten (Stresemann) den verdienten Erfolg bei Verhandlungen mit den Siegern von 1918 verweigerte.

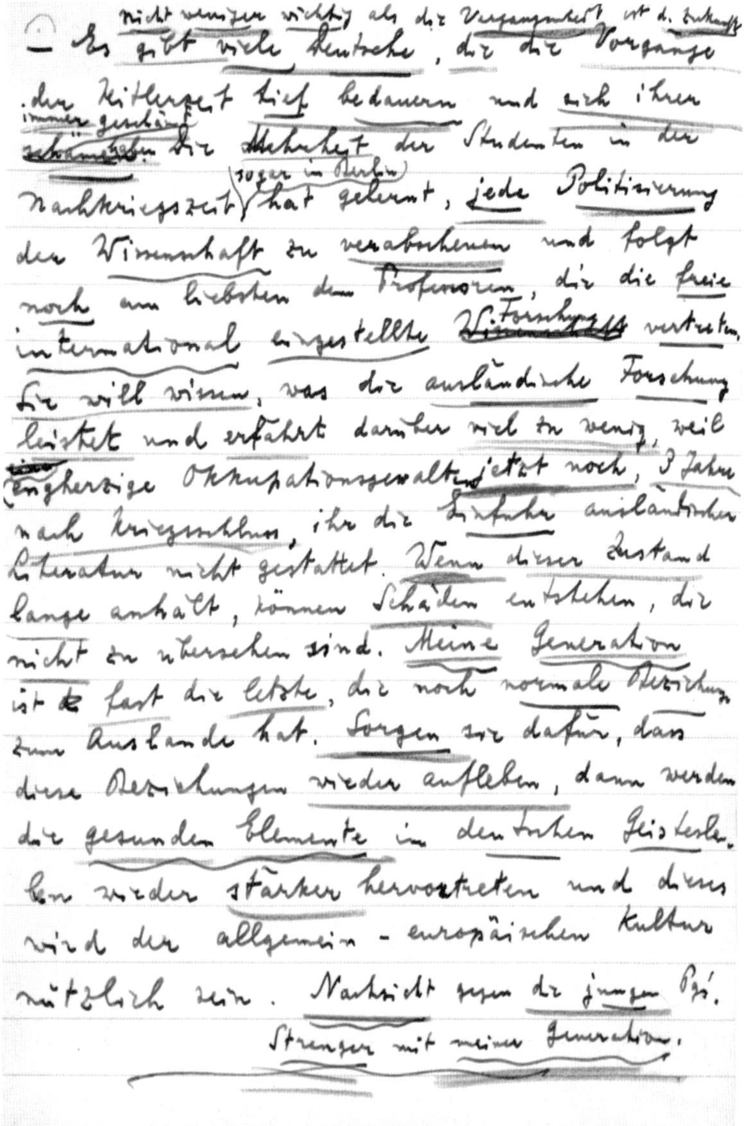
nicht weniger wichtig als die Vergangenheit ist d. Zukunft
— Es gibt viele Deutsche, die die Vorgänge
der Hitlerzeit tief bedauern und sich ihrer
immer geschämt
~~schämten~~. Die Mehrheit der Studenten in der
(sogar in Berlin)
Nachkriegszeit hat gelernt, jede Politisierung
der Wissenschaft zu verabscheuen und folgt
noch am liebsten den Professoren, die die freie
Forschung
international eingestellte ~~Wissenschaft~~ vertreten.
Sie will wissen, was die ausländische Forschung
leistet und erfährt darüber viel zu wenig, weil
engherzige Okkupationsgewalt jetzt noch, 3 Jahre
nach Kriegsschluss, ihr die Einfuhr ausländischer
Literatur nicht gestattet. Wenn dieser Zustand
lange anhält, können Schäden entstehen, die
nicht zu übersehen sind. Meine Generation
ist ~~k~~ fast die letzte, die noch normale Beziehungen
zum Auslande hat. Sorgen sie dafür, dass
diese Beziehungen wieder aufleben, dann werden
die gesunden Elemente im deutschen Geistesle-
ben wieder stärker hervortreten und dieses
wird der allgemein-europäischen Kultur
nützlich sein. Nachsicht gegen die jungen Psj.
Strenger mit meiner Generation.

Bl. 28 (unnumeriert)

Nicht weniger wichtig als die Vergangenheit ist die Zukunft
– Es gibt viele Deutsche, die die Vorgänge der Hitlerzeit tief bedauern und sich ihrer [durchgestrichen: schämen] immer geschämt haben. Die Mehrheit der Studenten in der Nachkriegszeit sogar in Berlin hat gelernt, jede Politisierung der Wissenschaft zu verabscheuen und folgt noch am liebsten den Professoren, die die freie international eingestellte [durchgestrichen: Wissenschaft] Forschung vertreten. Sie will wissen, was die ausländische Forschung leistet und erfährt darüber viel zu wenig, weil engherzige Okkupationsgewalt [angefügt: -en] jetzt noch, 3 Jahre nach Kriegsschluss, ihr die Einfuhr ausländischer Literatur nicht gestattet. Wenn dieser Zustand lange anhält, können Schäden entstehen, die nicht zu übersehen sind. Meine Generation ist fast die letzte, die noch normale Beziehungen zum Auslande hat. Sorgen Sie dafür, dass diese Beziehungen wieder aufleben, dann werden die gesunden Elemente im deutschen Geistesleben wieder stärker hervortreten und dieses wird der allgemein-europäischen Kultur nützlich sein.
Nachsicht gegen die jungen Pg's.

Strenger mit meiner Generation.

Professorenschaft unvorbereitet und nicht organisiert. Zuerst nur Witze. Fragebogen-Scherz. Goldschmidt Kaffees und Hitler-Hitler

Die Einstein-Angelegenheit wurde in Abwesenheit von Planck und Laue der Akademie falsch vorgetragen und es wurde uns gesagt, E. habe im Auslande politische Vorträge gegen den National-sozialismus und gegen das Deutschtum gehalten, daher sei sein Austritt nicht zu bedauern. In einer darauffolgenden Sitzung verlangten Planck u. Laue, dass im Protokoll vermerkt würde, dass der Austritt sehr zu bedauern sei. – Gerüchte von einer alliierten Einmischung wurden verbreitet. Hoffnungen auf Hindenburg u. seine Berater.

Bl. 29 (unnumeriert)

Professorenschaft unvorbereitet und nicht organisiert. Zuerst nur Witze. Fragebogen-Scherz. Goldschmidt Matzes und Mittler – Hitler.
Die Einstein-Angelegenheit wurde in Abwesenheit von Planck und Laue der Akademie falsch vorgetragen und es wurde uns gesagt, Einstein habe im Auslande politische Vorträge gegen den Nationalsozialismus und gegen das Deutschtum gehalten, daher sei sein Austritt nicht zu bedauern. In einer darauffolgenden Sitzung verlangten Planck und Laue, dass im Protokoll vermerkt würde, dass der Austritt sehr zu bedauern sei. – Gerüchte von einer alliierten Einmischung wurden verbreitet. Hoffnungen auf Hindenburg und seine Berater.

Planck war bei Hitler wegen Haber, Meitner, James Franck usw. Hitler kehrte ihm den Rücken.

Ich war wegen Simon Fanta im Kultusministerium.

Judenbänke

Judenkaffees aufgesucht. Später erzählte Haenisch, dass er es auch tat.

~~Nazis wagten es nicht die Berliner Professoren zur Partei zu zwingen, weil [illegible] auf Opposition.~~

Bl. 30 (unnumeriert)

[Durchgestrichen (s. Bl. 26): Planck war bei Hitler wegen Haber, Meitner, James Franck usw. Hitler kehrte ihm den Rücken.
Ich war wegen Simon Frank im Kultusministerium.]
Judenbänke
Judenkaffees aufgesucht. Später erzählte Haenisch, dass er es auch tat.

[Durchgestrichen: Nazis wagten es nicht die Berliner Professoren zur Partei zu zwingen, weil zu viel Opposition.]

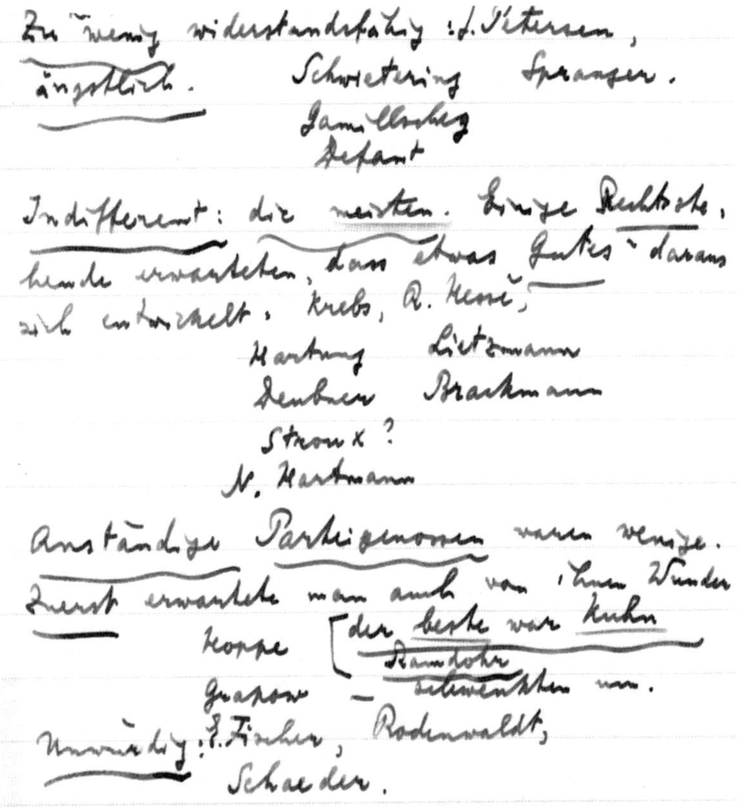

Zu wenig widerstandsfähig: J. Petersen,
ängstlich. Schwietering Spranger.
[illegible]
Defant

Indifferent: die meisten. Einige Rechtsste-
hende erwarteten, dass etwas Gutes daraus
sich entwickelt. Krebs, R. Hesse,
Hartung Lietzmann
Deubner Brackmann
Stroux?
N. Hartmann

Anständige Parteigenossen waren wenige.
Zuerst erwartete man auch von ihnen Wunder
Koppe [der beste war Kuhn
Ramdohr
Grapow – schwenkten um.
Unwürdig: E. Fischer, Rodenwaldt,
Schaeder.

Bl. 31 (unnumeriert)

Zu wenig widerstandsfähig: J. Petersen,

ängstlich. Schwietering Spranger.

Gamillscheg

Defant

Indifferent: die meisten. Einige Rechtsstehende erwarteten, dass etwas „Gutes“ daraus sich entwickelt. Krebs, R. Hesse,

Hartung Lietzmann

Deubner Brackmann

Stroux?

N. Hartmann

Anständige Parteigenossen waren wenige.

Zuerst erwartete man auch von ihnen Wunder

[der beste war Kuhn

[Ramdohr

Hoppe

Grapow – schwenkten um.

Unwürdig: E. Fischer, Rodenwaldt,

Schaeder.

Friedrichssitzung der Preußischen Akademie der Wissenschaften, 25. Januar 1934:
Max Vasmer in der letzten Reihe ganz oben rechts (x).

Kommentar

1. Politisches Profil der Berliner Professorenschaft, Hoffnungen und „Fehler“ (Bl. 1 - 5)

Vasmer vermied, was leichter gewesen wäre: vom Ausnahmeverhalten einzelner („Planck, Hahn, Laue“) zu berichten in einer Diktatur, „da allgemeiner Widerstand bald unmöglich“ wurde (Bl. 2). Statt dessen beginnt er seine Rede so, wie er die Rundfunkansprache bei Gründung des „Kulturbundes zur demokratischen Erneuerung in Deutschland“ am 3. Juli 1945 beendet hatte – mit einem Schuldbekenntnis auch derjenigen, die den Nationalsozialismus abgelehnt, aber in seiner Gefahr nicht frühzeitig genug ernst genommen hatten: „Im Allgemeinen kann man sagen: Wir haben die grosse Gefahr des Nationalsozialismus viel zu spät ganz erkannt. Der Widerstand war schlecht organisiert“ (Bl. 2). Daß er mit dieser Selbstanklage die Ausnahme unter den deutschen Slavisten bildete, habe ich an anderer Stelle gezeigt.[1]

Drei Hoffnungen nennt Vasmer, mit denen sich der kritisch distanzierte Teil der Berliner Professoren („viele von uns“) vorläufig inaktiv hielt und letztlich selbst täuschte: Die Hoffnung 1. auf „kurze Dauer“, 2. auf die mögliche „Einmischung fremder Mächte“[2] und 3. auf „ein Eingreifen der Wehrmacht“ bzw. „eine

1 Bott, Resistenz, 159.

2 Dieselbe Hoffnung hegte ein Großteil der künstlerischen Intelligenz. Der damals in Berlin arbeitende Dirigent Kurt Sanderling, geb. 1912 und im Jahr 1933 ein „typischer bürgerlicher, nicht allzu ausgesprochener Linksintellektueller“, „meinem politischen Verständnis nach linke Boheme mit Furcht vor den Kommunisten“ (56), resümiert: „Ich war derselben Meinung, die sehr viele, besonders unter den Juden, hatten: Man muß es nur überstehen und aussitzen. Dieser Wahnsinn und Unsinn kann nicht lange dauern (...). Und

Militärdiktatur, die von Hindenburg eingesetzt werden könnte" (Bl. 2).

Um diese Haltung verstehbar zu machen, skizziert er das politische Profil der Professorenschaft vor 1933. War diese im Kaiserreich „meist national-liberal", so zerfiel sie nach 1918 mehrheitlich in Deutschnationale (DNVP), in Anhänger der gemäßigten Deutschen Volkspartei (DVP), „die nach dem Tode Stresemanns aber auch jede Bedeutung einbüsste", und der Deutschen Demokratischen Partei, die an der Berliner Universität „die schwächste" war (Bl. 3).[3] Als Vertreter dieser kleinen Gruppe nennt Vasmer vier Historiker: Friedrich Meinecke, Otto Hintze, Robert Holtzmann und Hans Delbrück (Bl. 3). Er selbst sympathisierte mit Stresemann (Bl. 27) und agierte im März 1933 noch in einer Gruppe deutschnational Gesinnter (Komm. zu Bl. 31), bevor er zu den Demokraten um Meinecke gehörte, an dessen Sonntagsspaziergängen er teilnahm.[4] Die Mehrheit der Deutschnationalen charakterisiert Vasmer mit dem Altphilologen Ulrich von Wilamowitz-Moellendorff, dem Indogermanisten Wilhelm Schulze, dem Germanisten Gustav Roethe, dem Rechtswissenschaftler Ulrich Stutz sowie den Althistorikern Eduard Meyer und Ulrich Wilcken: „Sie bildeten das

dann gab es eine ganz unsinnige Hoffnung (...): Die Alliierten werden solche Dinge gar nicht zulassen. Wir waren vielleicht nicht so dumm zu hoffen, aber im Grunde haben doch alle gewünscht, daß irgendwann einmal auch von außen gesagt wird: Stop." Vgl. Ulrich Roloff-Momin (Hg.), „Andere machten Geschichte, ich machte Musik". Die Lebensgeschichte des Dirigenten Kurt Sanderling in Gesprächen und Dokumenten, Berlin 2002, 64.

3 Nach Michael Grüttner und Sven Kinas, „Die Vertreibung von Wissenschaftlern aus den deutschen Universitäten 1933 - 1945", in: Vierteljahreshefte für Zeitgeschichte 1/2007, 123 - 186, waren in der Weimarer Zeit 20 - 30% der Hochschullehrer in Deutschland parteipolitisch engagiert, überwiegend in der DNVP. Neben deutschnationalen Hochburgen wie in Tübingen, Bonn oder Göttingen dominierten an der Universität Hamburg Anhänger der DVP, in Heidelberg – der DDP (70f.).

4 Bott, Denkschrift, 156.

wissenschaftliche Gewissen der Universität, hatten den grössten Einfluss im Senat, bei Rektor- und Dekanwahlen. (...) Sie hätten durch ihre Autorität vieles retten können" (Bl. 3).

Aber diese Generation war bereits abgetreten. Ihre deutschnationalen Nachfolger in den universitären Ämtern – „Epigonen" von „sinkende[r] Bildung" (Bl. 3) – hatten die größere Erfahrung im Umgang mit Verwaltung und Ministerien. Sich auf den Einfluß dieser Gruppe verlassen zu haben, rechnet Vasmer dem demokratischen „wir" als Fehler an: „Wir andern, die noch nicht Dekane gewesen waren, haben die praktische Erfahrung dieser Herren überschätzt und uns zu sehr auf sie verlassen" (Bl. 3). Gleichsam entlastend verweist er darauf, daß Meinecke in all seinen Berliner Universitätsjahren 1914 - 32 nicht Rektor geworden war und daher auch keine eigenen „Nachfolger" stark machen konnte.

Den entscheidenden Fehler sieht Vasmer aber darin, bei der Rektorwahl im Mai 1933 den bis dahin amtierenden Juristen Eduard Kohlrausch nicht ausreichend unterstützt zu haben. Seit 1931 war es an der Berliner Universität immer wieder zu Kämpfen nationalsozialistischer gegen sozialdemokratische und kommunistische Studenten mit zeitweiliger Schließung der Universität gekommen. Im Wintersemester 1932/33 hatte der Nationalsozialistische Deutsche Studentenbund (NSDStB) die Stimmenmehrheit in der Allgemeinen Studentenschaft der Berliner Hochschulen gewonnen und praktizierte ein aggressiv „diktatorisches Regiment".[5] Es gipfelte am 13. April 1933 im Aushang von „12 Thesen wider den undeutschen Geist", in denen die NS-Studentenschaft offen zum Boykott jüdischer und politisch mißliebiger Lehrender aufrief. Der Aushang dieser „12 Thesen"[6] war Anlaß für Eduard Sprangers protestierenden

5 Eduard Spranger, „Mein Konflikt mit der national-sozialistischen Regierung", in: Universitas 10/1955, 457 - 473, hier 460.

6 Vgl. deren Text bei Anna-Maria Gräfin von Lösch, Der nackte Geist.

Antrag auf vorzeitige Emeritierung am 25. April.[7] Kohlrausch ging gegen den Aushang der Thesen vor, erreichte ihre Entfernung im öffentlichen Konflikt mit der Studentenschaft aber erst im Mai, nachdem er den neuen NS-Kultusminister Bernhard Rust hatte einschalten können.[8] Da zugleich per Erlaß vom 21. April die Neuwahl aller noch amtierenden Rektoren und Dekane vor Beginn des Sommersemesters anstand, erklärte Kohlrausch im Senat und in einem Schreiben an Prorektor Heinrich Lüders, daß er aus dem Amt scheide, da die Wahl des Rektors die Universität wieder befrieden und „ein *Bekenntnis* werden" müsse, er aber nicht mehr „das Vertrauen der ‚Studentenschaft'" habe.[9] Vasmer beurteilt Kohlrauschs Einsatz zu jener Zeit als „sehr mutig" (Bl. 3).[10] Daß der „zu weiche Senat" (Bl. 3) auf seiner Sitzung am 2. Mai Kohlrausch dann für eine Wiederwahl nicht ausreichend stützte, seinem Rücktritt keine besondere Bedeutung zumaß und der Empfehlung eines müden, von den Nazis schon bedrängten[11]

Die Juristische Fakultät der Berliner Universität im Umbruch von 1933, Tübingen 1999, 130f.

7 Nebenmotiv war die Ernennung Alfred Baeumlers über die Fakultät hinweg. Als das Kultusministerium Sprangers Entlassung vorbereitete, nahm dieser Abstand von seiner Protestaktion und kehrte im Juni ins Lehramt zurück. Vgl. Heinz-Elmar Tenorth, „Eduard Sprangers hochschulpolitischer Konflikt 1933. Politisches Handeln eines preußischen Gelehrten", in: Zeitschrift für Pädagogik 36/1990, 573 - 596, hier 575.

8 Vgl. Lösch, 164f.

9 Ebd., 165: Schreiben Kohlrauschs (28. - 30.04.1933) an Lüders und andere „frühere Rektoren".

10 Ebenso Helmut Heiber, Universität unterm Hakenkreuz, Teil II: Die Kapitulation der Hohen Schulen. Das Jahr 1933 und seine Themen, Bd. 2, München etc. 1994, 425 (II/2). Kritisch dagegen Lösch, 131, die Kohlrausch latenten Antisemitismus nachweist (170 - 175) und große Ambivalenz in seinen Äußerungen zum Konflikt um die „12 Thesen" sieht, wenngleich sie einräumt, daß dies auch taktischer Rhetorik im Schriftverkehr mit dem NS-Ministerium geschuldet sein könnte (173).

11 Unter Rektor Heinrich Lüders (1869 - 1943) 1931/32 hatte der

Prorektors Lüders folgend, den Rassenanthropologen Eugen Fischer wählte, war nach Vasmers Meinung der „schwerste Fehler“ der Berliner Professorenschaft (Bl. 5).

Offenbar hielt er zu dieser Zeit die Chancen einer autonomen Position der Berliner Universität gegenüber der NS-Regierung noch nicht für verloren. Noch waren „ganz wenige“ Parteimitglieder (Bl. 4).[12] Außerdem sah Vasmer das neue Kultusministerium zwar belastet durch Rust, aber in Ministerialräten wie dem vormaligen Greifswalder Ordinarius für Mathematik *Theodor Vahlen* und dem Ordinarius für Physiologie *Johann Daniel Achelis* aus Leipzig doch noch ernstzunehmende Verhandlungspartner, kein „reines Irrenhaus“ (Bl. 4). Diese Fehleinschätzung dürfte nur zum Teil mangelhaftem Einblick in die politischen Einlassungen beider geschuldet sein.[13] Vasmers Einschätzung ist vielmehr

---

1923 nebenamtlich zum Universitätsrat ernannte Amtsgerichtsrat Dr. Hermann Marcard (s. Bl. 5) am 20.01.1932 u. a. den Jurastudenten und Kreisführer des NSDStB Fritz Hippler (SA) wegen nationalsozialistischer Propaganda relegiert. Nach einer Kundgebung des NSDStB am 17.01.1933 gegen die soziale Notlage der Studenten und die „unsoziale“ Politik des Kultusministeriums kam es zu Ausschreitungen. Marcard verhängte Disziplinarstrafen. Daraufhin rief der „Völkische Beobachter“ für den 31.01.1933 zu einer Protestkundgebung „Weg mit Marcard“ auf. Auf ihr forderte Hippler dann einen Tag nach Machtantritt der Nationalsozialisten die Anerkennung der Allgemeinen Studentenschaft und ein Disziplinarverfahren gegen Marcard. Kohlrausch stellte sich hinter Marcard. Aber NS-Kultusminister Rust entpflichtete Marcard am 29.04.1933. Vgl. UA HU, RuS 21/1; Lösch, 121 - 125.

12 Im Sommer 1933 waren „an einigen Hochschulen“ bereits 20 - 25% aller Hochschullehrer der NSDAP beigetreten (Grüttner, Deutsche Universitäten, 73). Für die Universität Berlin ist die genaue Prozentzahl noch nicht erforscht, aber Vasmers Aussage tendenziell bestätigt. Bei Kriegsende waren hier dann 46% der Hochschullehrer NSDAP-Mitglieder, vgl. die Dissertation von Sven Kinas, Entlassungen von Hochschullehrern an preußischen Universitäten 1933 - 1945. Fallstudien zu den Universitäten Berlin, Frankfurt am Main, Greifswald und Halle (im Erscheinen).

13 Vahlen (NSDAP 1923) war vor seiner kurzen Zeit (1933/34) als

Ausdruck einer Wissenschaftsgläubigkeit, die nicht unbesehen für fragwürdig naiv gelten darf. Bei beiden Naturwissenschaftlern setzte er eine Rationalität in wissenschaftsorganisatorischen Entscheidungsfragen voraus, die sich im Umgang offenbar bestätigte. Ebenso erscheint es nicht von vornherein unbegründet, von Wissenschaft als einer „disziplinierenden Kraft" auszugehen, die in ihrer Praxis außer mit Rationalität immer auch mit einer Wissenschaftsethik verbunden ist.[14] In dieser agonalen Phase des Bildungsbürgertums in Deutschland schloß Vasmer von der Wissenschaftspraxis der Naturwissenschaftler Vahlen und Achelis noch auf eine Bindung an Vernunftwerte, die den Appell an das Kultusministerium 1933/34 nicht gänzlich aussichtslos machte.
Allerdings relativiert er die anfängliche Hoffnung „vieler Professoren" auf Ausschaltung der radikalen politischen Elemente oder die Hoffnung ehemaliger Weltkriegs-Offiziere auf „etwas Gutes" am Nationalsozialismus mit dem Hinweis auf die Judenverfolgungen, die beides „schon bald" als Illusion entlarvten (Bl. 4). Unmittelbar nach Wahl des neuen Rektors und noch vor seiner offiziellen Amtseinsetzung begannen am 4./5. Mai 1933 massive Störungen der Lehrveranstaltungen etwa des Juristen Martin Wolff durch SA-Posten und NS-Studentenbund (s. Bl.

Ministerialdirektor im Preußischen Kultusministerium Gauleiter von Pommern und Gründer des nationalsozialistischen „Norddeutschen Beobachters" (1924 - 27). 1934 - 37 hatte er dann als Chef des Amtes Wissenschaft im Reichserziehungsministerium (REM) eine politisch einflußreiche Position inne. Noch 1944 wurde er Lehrbeauftragter an der Deutschen Universität in Prag (1943 SS-Brigadeführer). Achelis, 1931 - 33 Ministerialrat (NSDAP 1933), wurde einer der führenden NS-Physiologen, der sich in der Luftwaffenforschung engagierte.

14 Diese rational disziplinierende Kraft dann auch auf das politische Urteil deutscher Professoren auszuweiten, hält Peter Lundgreen zu Recht für „höchst fraglich", vgl. ders., „Staatliche hochschulfreie Forschung in Berlin und die NS-Wissenschaftspolitik", in Wolfram Fischer u. a. (Hg.), Exodus von Wissenschaftlern aus Berlin. Fragestellungen, Ergebnisse, Desiderate, Entwicklungen vor und nach 1933, Berlin/New York 1994, 116 - 126, hier 119.

13). Sich selbst wirft Vasmer vor, mit für den liberal scheinenden Rassenforscher Fischer gestimmt zu haben. Auf ihm fremdem Gebiet erlag er seinem Vertrauen nicht nur in die Rationalität langjähriger Wissenschaftspraxis, sondern auch in die höchste Anerkennung durch die Wissenschaftsgemeinschaft: Fischer wurde in der Weimarer Republik Direktor des Kaiser-Wilhelm-Instituts für Anthropologie und Mitglied der herausragendsten Berliner Gelehrtengesellschaft, der Mittwochs-Gesellschaft (Bl. 5). An ihm exemplifiziert Vasmer die Desillusionierung seines bildungsbürgerlichen Glaubens an eine Wissenschaftsgemeinschaft als Wertegemeinschaft und an die stellvertretend repräsentative Rolle des Rektors einer Universität. Fischer entpuppte sich in dieser Funktion als ideales Werkzeug der Nationalsozialisten für die Übergangszeit[15]: „Ohne Würde, feige, kriecherisch“, war er „ungeeignet“, die Autonomie der Universität zu verteidigen; er „tat alles, was die neuen Machthaber von ihm erwarteten“ (Bl. 5). Deshalb hält Vasmer ihn auch für ein baldiges Parteimitglied, obgleich Fischer erst 1940 der NSDAP beitrat.

Ist das eine unrealistische Überbewertung der Rektorwahl von 1933? Hätte eine andere Persönlichkeit, etwa der Jurist Kohlrausch, der Universität als Schutzschild dienen und langfristig die politischen Anpassungsprozesse innerhalb ihrer Mauern aufhalten können? Vasmer jedenfalls beurteilt die Wahl des Rassenanthropologen Fischer als nicht mehr korrigierbare Selbstentmachtung der Professorenkorporation. Erst danach skizziert er verschiedene Herrschaftstaktiken des NS-Regimes gegenüber der Berliner Universität.

15 Heiber II/2, 426.

2. Personelle Taktiken nationalsozialistischer Einflußnahme auf die Professoren (Bl. 6 - 9)

Allererste Ursache für die Bereitschaft „einiger angesehener Wissenschaftler“ (Bl. 6) der Berliner Universität und Akademie der Wissenschaften, sich dem Nationalsozialismus dienstbar zu machen, ist für Vasmer deren „Angst“ vor rassenideologischer Repression. So wurde *Ernst Heymann*, obgleich evangelisch, an der Juristischen Fakultät „allgemein für einen Juden gehalten“, da es dort jüdische Namensvettern gab.[16] Ursprünglich nationalliberal, dann bis 1930 Mitglied der DVP, stilisierte sich Heymann nun offenbar völkisch, „von schlesischen Bauern“ abstammend (Bl. 6). Der Mathematiker *Ludwig Bieberbach* galt „früher als Jude“ (Bl. 6)[17]. Verdächtig machte ihn der von Vasmer genannte Umstand, daß Bieberbachs Frau mit dem jüdischen Verleger und Sozialdemokraten Fritz H. Landshoff (USPD 1918) verwandt war, der 1933 mit Walter Landauer in Amsterdam eine deutsche Abteilung für Exilliteratur im Verlag von Emanuel Querido eröffnete, die bis 1940 bestand. Bieberbach (SA 1933, NSDAP 1937) wurde 1936 Dekan der neuen Mathematisch-naturwissenschaftlichen Fakultät und Vertreter einer „deutschen Mathematik“. Wenn Vasmer festhält, daß Bieberbach „um 1928 ein sehr guter Dekan gewesen war“ (Bl. 6), scheint er dessen spätere Radikalisierung und Dienstbarkeit für den Nationalsozialismus aus der Angst vor rassistischen Maßnahmen zu begreifen. Der Volkswirtschaftler *Ernst Storm* erhielt 1933 ein persönliches Ordinariat (NSDAP 1932, bis 1935 SA-Brigadeführer) und war 1938 - 42 Rektor der TH Berlin. 1942

---

16 Vgl. Lösch, 159: etwa den 1935 zwangsbeurlaubten Ordinarius Bruno Heymann. Noch 1937 mußte Heymann mit einem Bescheid der Reichsstelle für Sippenforschung Auskunft über seine Abstammung geben.

17 Gaudozentenbundführer Willing kolportierte, daß Bieberbach jüdische Kollegen zu Taufpaten seiner Söhne bat. Vgl. Heiber II/2, 427.

verlor er Rektorat und Professur, gefolgt vom Parteiausschluß, da er nicht angegeben hatte, Sohn einer polnischen Arbeiterin und „jüdisch versippt“ zu sein.
Dagegen erscheint das Motiv „Angst vor rassistischer Verfolgung“ für die Experten Lenard und Esau nicht stichhaltig, auch mit Blick auf den historischen Verlauf von deren Engagement für den Nationalsozialismus. Der Jenaer Physiker *Abraham Esau* und seine Frau waren nicht jüdisch, sondern Mennoniten.[18] Allerdings folgte Esau nicht dem Pazifismus seiner Glaubensrichtung, sondern machte ungehindert Karriere (NSDAP 1933) im militärtechnischen Bereich. 1932 - 35 und 1937 - 39 Rektor seiner Universität sowie 1937 - 43 Leiter der Fachsparte Physik im Reichsforschungsrat (RFR), wurde er 1939 Präsident der Physikalisch-Technischen Reichsanstalt und Professor für Militärtechnik an der TH Berlin. 1942 - 43 war er Bevollmächtigter für kernphysikalische, danach für Hochfrequenzforschung im RFR. Seit 1945 interniert, wurde Esau zum Zeitpunkt von Vasmers Rede in Den Haag gerade von der Anklage wirtschaftlicher Kriegsverbrechen freigesprochen. Der Heidelberger Nobelpreisträger *Philipp Lenard* war 1933 - 46 als Senator der Berliner Kaiser-Wilhelm-Gesellschaft von großem wissenschaftspolitischem Einfluß. Deutsch-ungarischer Herkunft, bekannte er sich seit 1924 zu Hitler. Nachdem er begonnen hatte, gegen Albert Einstein und seinen eigenen verstorbenen Lehrer Heinrich Hertz zu hetzen, sprach die „Weltbühne“ 1923 sarkastisch vom „getauften ungarischen Juden Lenard“ als Propagierer „deutscher“ Wissenschaft. Dem wurde öffentlich widersprochen. Aber da man mit Lenards Konzept einer „Deutschen Physik“, die moderne Denkansätze wie Quantenmechanik und Relativitätstheorie als „jüdisch“ und „artfremd“ ausgrenzte, nur begrenzt moderne Militärtechnik entwickeln konnte, kam es 1939/40 zum Konflikt

18 Daher die alttestamentarischen Vornamen, die auch die Legende von Esaus „jüdischer Frau“ (Bl. 6) nährten. Für den klärenden Hinweis danke ich Jürgen John, Jena.

zwischen Lenards Anhängern und Vertretern einer modernen Physik. Sie griffen resonanzverstärkend auf das Gerücht von Lenards Judentum zurück.[19] Die Reichsstelle für Sippenforschung erbat 1939 auf Veranlassung einer „Obersten Reichsbehörde" die Personalakten Lenards von der Universität Heidelberg. 1941 fragte das Institut der NSDAP zur Erforschung der Judenfrage nochmals an, ob Lenard „arischer Abstammung" sei.[20]

Für den Berliner Archäologen *Gerhart Rodenwaldt* greift Vasmers Argumentation zunächst wieder. Rodenwaldts Ehefrau galt als „Mischling 2. Grades".[21] Insofern blieb seine Lage bis Kriegsende prekär.[22] In seiner Rede zur Winckelmannfeier der Archäologen am 8. Dezember 1933 charakterisierte Rodenwaldt Winckelmann einleitend „als Fachgelehrten, als Erzieher und ‚als Musterbild einer unaufhaltsam strebenden deutschen Natur' und wies auf (...) Winckelmanns Bedeutung für das deutsche Volk hin. Unter Bezugnahme auf Adolf Hitlers Rede vor der Nürnberger Kulturtagung betonte er die Verantwortlichkeit der archäologischen Wissenschaft als Mittlerin zwischen Antike und Gegenwart und wiederholte die (...) Forderung nach der Einbeziehung der antiken Kunst in den Unterricht der höheren Schule und Erziehung überhaupt." Erst nach dieser politischen Grußadresse begann, auch vom Berichterstatter klar unterschieden, „das wissenschaftliche Thema" Rodenwaldts: „Die klassische Periode der hellenistischen Kunst".[23] Während Vasmer für dieses Auftreten noch Verständnis

---

19 Dazu Dieter Hoffmann, „Lénárd Fülop – Philipp Lenard: Von Preßburg nach Heidelberg", in: Marc Schalenberg, Peter Th. Walther (Hg.), „... immer im Forschen bleiben". Rüdiger vom Bruch zum 60. Geburtstag, Stuttgart 2004, 337 - 350, hier 348f.

20 Vgl. Helmut Heiber, Universität unterm Hakenkreuz. Teil I: Der Professor im Dritten Reich. Bilder aus der akademischen Provinz, München etc. 1991, 379f.; und D. Hoffmann, „Lénárd Fülop", 349.

21 UA HU, NS-Dozentenschaft, 214: Prof. Dr. Gerhart Rodenwaldt, Bl. 10.

22 Vgl. Grüttner/Kinas, 137f.

23 Vgl. den Bericht „93. Winckelmannfest am 8. Dezember 1933" in:

zeigt („hilflos“ aus Angst, Bl. 6), fällt sein abschließendes Urteil über Rodenwaldts Verhalten als Wissenschaftler im Nationalsozialismus vernichtend aus (Bl. 31).

Der Spezialist für griechisch-römische Religionsgeschichte und klassische Philologe *Ludwig Deubner* war mit einer Engländerin jüdischer Herkunft verheiratet, die 1925 verstarb. Nach den NS-Rassegesetzen galten ihre sechs Kinder als jüdisch.[24] Darin sah Vasmer den Grund für Deubners „unentschlossen[es]“ Verhalten (Bl. 6) als Universitäts- und Akademiemitglied während des Nationalsozialismus. Der Physiker *Friedrich Möglich* war 1930 - 36 Privatdozent am Institut für theoretische Physik der Universität Berlin (SA und NSDAP 1932) und 1934 Leiter der NS-Dozentenschaft. Da er eine Jüdin liebte, ermittelte die Gestapo 1935 wegen „Rassenschande“ gegen ihn. Er floh ins Ausland, kehrte im Sommer 1936 zurück, wurde 1937 verhaftet, aber nach einem halben Jahr freigesprochen. 1938 verlor Möglich die Venia legendi der Berliner Universität, wurde aus der Partei ausgeschlossen und war bis Kriegsende freier Mitarbeiter der OSRAM-Forschungslaboratorien. Seine angstbegründete Anpassung müßte also in die Zeit als NS-Dozentenschaftsleiter fallen. Der Assyrologe *Bruno Meißner* schließlich war „arisch“. Aber da Vater und Großvater den Vornamen David trugen, mußte er mehrfach Auskunft über seinen Stammbaum geben. Noch im März 1933 trat er der NSDAP bei, bevor er im Wintersemester 1935/36 mit 67 Jahren emeritiert wurde.

Das Motiv „Angst“ vor rassistischen Maßnahmen kommt für die frühe Selbstinstrumentalisierung im Sinne des Nationalsozialismus bei Heymann, Bieberbach, Storm, Rodenwaldt, Deubner, Möglich und Meißner in unterschiedlichem Maße ins Spiel. Bei Esau und Lenard dagegen greift es nicht. Vasmers Argumentation wirkt hier

---

Archäologischer Anzeiger. Beiblatt zum Jahrbuch des Deutschen Archäologischen Instituts 1933, 747 - 750, hier 747f.

24 UA HU, PA Ludwig Deubner, Nr. 213.

eher wie der Versuch einer nachträglichen Rationalisierung des starken nationalsozialistischen Engagements dieser angesehenen Experten.

Ein zweites Motiv für Wissenschaftler, sich dem Nationalsozialismus anzudienen, sieht Vasmer in „finanziellen Vorteilen“ (Bl. 7). Hier nennt er den Physiker *Johannes Stark*, Nobelpreisträger des Jahres 1919, der nach Auseinandersetzungen innerhalb seiner Würzburger Fakultät 1922 als Porzellanfabrikant selbständiger Unternehmer geworden war, mit Beginn der Inflation aber finanziell in Schwierigkeiten geriet. Von da an datiert sein Einsatz für den Nationalsozialismus. 1928 bemühte er sich vergeblich um ein Ordinariat in München (NSDAP 1930). Erst 1933 wurde er, unterstützt von Lenard, Präsident der Physikalisch-Technischen Reichsanstalt in Berlin und war 1934 - 36 gegen die Stimmen des Akademie-Verbunds Präsident der Deutschen Forschungsgemeinschaft. Vasmer nennt außerdem den Kieler Landes- und Kirchenhistoriker *Otto Scheel*, Hauptredakteur des Handwörterbuchs für das Grenz- und Auslandsdeutschtum 1931 - 37, in dem bis 1930 Vasmer, danach seine Assistentin Woltner Teilredakteure für „Rußland“ waren. Scheel hatte bereits in den 20er Jahren als Propagandaredner im Abstimmungskampf in Nordschleswig ein zusätzliches „namhaftes Salär“[25] vom Auswärtigen Amt bezogen. Möglich, daß ihn auch „Geldschwierigkeiten“ (Bl. 7) dem Nationalsozialismus zutrieben (NSDAP 1933). Aber Scheel brachte auch seine eigenen wissenschaftspolitischen Interessen damit in Übereinstimmung. 1938 wurde er Leiter des auf Initiative der Gauleitung gegründeten Instituts für Landes- und Volksforschung an der Universität Kiel, war im Beirat der Nord- und Ostdeutschen Forschungsgemeinschaft,

25 Michael Fahlbusch, Wissenschaft im Dienst der nationalsozialistischen Politik? Die „Volksdeutschen Forschungsgemeinschaften“ von 1931 - 1945, Baden-Baden 1999, 148 - 151. Zu Scheel vgl. den Beitrag von Karl-Heinz Fix in: Luise Schorn-Schütte (Hg.), 125 Jahre Verein für Reformationsgeschichte, Gütersloh 2008.

arbeitete für das Hauptschulungsamt der NSDAP und leitete 1941 - 43 das Deutsche Auslandsinstitut in Kopenhagen.
Daß das Reichserziehungsministerium trotz allem auch 1940 in Berlin noch Mühe hatte, wissenschaftliche Leitungsfunktionen mit Parteigenossen zu besetzen, illustriert Vasmer am Beispiel des Ägyptologen Grapow, der damals zugleich Dekan, Prorektor, kommissarischer Vizepräsident der Akademie und Sekretar ihrer Philosophisch-historischen Klasse sein mußte. Als weitere personenbezogene Taktik des Ministeriums nennt Vasmer die Begünstigung vormals erfolgloser Dozenten (Bl. 8). So erhielt eben jener *Hermann Grapow*, Lexikograph der Akademie der Wissenschaften seit 1907 und Honorarprofessor seit 1928, nach dem Tod von Kurt Sethe 1934 zunächst die stellvertretende Leitung des Ägyptologischen Seminars und erst mit 53 Jahren (NSDAP 1937) 1938 ein Ordinariat. Der langjährige Bibliothekar und Landeshistoriker *Willy Hoppe*, seit 1924 habilitiert (NSDAP 1932), bekam 1935 zunächst eine Honorarprofessur an der Berliner Universität und 1937 endlich ein Ordinariat. Der in Göttingen promovierte Chemiker *Rudolf Mentzel*, aktiver Nationalsozialist (NSDAP 1925) mit Amt seit 1930, der außer der Dissertation keinerlei wissenschaftliche Publikationen vorzuweisen hatte, wurde bei seinem Habilitationsverfahren in Greifswald 1933 von Friedrich Krüger, dem Direktor des Physikalischen Instituts seit 1921, zunächst abgelehnt. Auch die Gutachter bewerteten Mentzels Giftgas-Studie als „nicht ausreichend“. Erst auf politischen Druck hin wurde er 1933 habilitiert.[26] Anschließend machte er in Berlin Karriere als Abteilungsleiter im Kaiser-Wilhelm-Institut für Physikalische Chemie und stellvertretender Leiter im Amt Wissenschaft II (Heeresforschung), bis er 1935 - 39 persönlicher Ordinarius für Wehrchemie an der TH Berlin wurde und 1936 - 45

---

26 Vgl. Florian Schmaltz, Kampfstoff-Forschung im Nationalsozialismus. Zur Kooperation von Kaiser-Wilhelm-Instituten, Militär und Industrie, Göttingen 2005, 57 - 59.

Präsident der Deutschen Forschungsgemeinschaft (1942 SS-Brigadeführer). Der Elektrotechniker *Willi Willing* promovierte 1935 nach einer hochschulpolitischen Karriere (NSDStB 1927, SA und NSDAP 1928, SS 1931, SD 1932, NS-Dozentenschaftsführer 1933) mit 28 Jahren an der TH Berlin. Gleich darauf wurde er Referent in der Forschungsabteilung des Reichserziehungsministeriums. 1937 bereits erhielt er ein Extraordinariat und 1940 ein Ordinariat für Elektrizitätswissenschaft an der TH Berlin. Insofern kann man ihn nicht eigentlich als „schiffbrüchigen Dozenten von früher" (Bl. 8) bezeichnen. Aber Vasmer datiert den Schiffbruch eben ins Jahr 1935, als Willing eine 56 Seiten lange Dissertation über die Haushaltsstromversorgung einreichte, seine erste und einzige Publikation. Danach arbeitete Willing bis zum Kriegsende nicht mehr als Wissenschaftler, sondern als Gaudozentenbundführer für Groß-Berlin. Vasmer hatte mit ihm zu tun, wenn es um Stellen oder Dozenturen für den slavistischen Nachwuchs ging. Seit 1942 war Willing als Hauptabteilungsleiter beim SS-Wirtschafts-Verwaltungshauptamt für das System der Konzentrationslager zuständig und wurde 1943 zum Höheren SS- und Polizeiführer nach Krakau abkommandiert.

Eine andere, von den Nationalsozialisten begünstigte Gruppe sieht Vasmer in bußfertigen „ehemalige[n] Sozialdemokraten" (Bl. 8), zu denen er den Althistoriker Weber und mit einem „vielleicht" auch den Iranisten Schaeder zählt. Nicht *Wilhelm Weber* selbst, aber sein Vater war SPD-Mitglied und Gewerkschafter. 1946 gab Weber im Personalfragebogen der Berliner Universität an, dadurch „selbst immer sozialistisch denken, fühlen und handeln" gelernt zu haben.[27] Auch wenn der 1932 nach Berlin Berufene keiner NS-Institution angehörte, galt Weber durch seine nationalsozialisti-

27 UA HU, PA W. Weber 110, Bd. 1, „Anlage zum Fragebogen betreffend politische Zugehörigkeit zum NS", datiert 12.06.1946. Weber will nach Rusts Rede in der Berliner Universität am 6. Mai 1933 seinen Rücktritt angeboten haben, der aber nicht bewilligt wurde (ebd.).

sche Umdeutung der Antike und die Übernahme völkisch-rassistischer Kategorien in Forschung und Lehre ab 1933[28], vor allem aber durch seine Rede „Vom Neuen Reich der Deutschen" zur „Feier der Reichsgründung" am 30. Januar 1935 unter den demokratisch gesinnten Professoren der Universität als Gefallener.[29] 1946 erhielt er keine Lehrerlaubnis mehr. Zu seiner Verteidigung schrieb Weber, er sei 1935, nachdem andere Kollegen abgelehnt hatten, von Rektor Fischer zu jener Rede gedrängt worden. Eine besondere Begünstigung des Althistorikers nach 1933 ist allerdings nicht erkennbar. Für den 1931 nach Berlin berufenen Iranisten *Hans Heinrich Schaeder* ist eine sozialdemokratische

---

28 Vgl. Stefan Rebenich, „Nationalsozialismus und Alte Geschichte. Kontinuität und Diskontinuität in Forschung und Lehre", in: Isolde Stark (Hg.), Elisabeth Charlotte Welskop und die Alte Geschichte in der DDR. Beiträge der Konferenz vom 21. bis 23. November 2002 in Halle/Saale, Stuttgart 2005, 42 - 64, hier 46f.

29 Vgl. die Diskussion um Webers Wiedereinstellung nach Kriegsende. Der Romanist Gamillscheg sprach sich 1947 für Weber aus, Vasmer gehörte zu dessen Kritikern. Weber schrieb am 06.10.1947 zu seiner Rehabilitierung an Theodor Brugsch von der Zentralverwaltung für Volksbildung: „Wie ich höre, sind die Herren Professoren Stroux und Vasmer, der eine als Gastprofessor nach Basel, der andere einem regulären Ruf folgend nach Stockholm gegangen. Nachdem vor ihnen Herr Prof. Spranger nach Tübingen verzogen ist, Herr Prof. Deubner gestorben ist, Herr Prof. Schirmer in Bonn zu sein vorgezogen hat, schließlich Herr Prof. Kohlrausch wegen ernster politischer Beschuldigungen ‚beurlaubt' werden mußte, sind mit den beiden Erstgenannten die letzten der Gruppe der Berliner Fakultät verschwunden, die mit falschen Beschuldigungen, Verleumdungen und Anklagen den Beschluss des Leitenden Ausschusses des Magistrats verursachten und erreichten, demzufolge die Erneuerung meiner Lehrbefugnis abgelehnt wurde bzw. eine Revision im Verfahren des Klärungsausschusses unter dem Vorsitz von Kohlrausch vereitelt wurde. (...) Erregend war für mich, daß ausgerechnet Herrn Kohlrauschs Beziehungen zur Universität in Frage gestellt sind, den ich einst, als er Rektor von 33 war, vor der Verhaftung durch den Studentenausschuss rettete. Auch Herr Vasmer tat gut, daß er verschwand." UA HU, PA W. Weber 110, Bd. 1.

Mitgliedschaft vor 1933 nicht bekannt.[30] Aber seit Kriegsbeginn ließ er sich öffentlich und in Publikationen nicht nur rhetorisch auf die Ideologie des Nationalsozialismus ein, sondern kodierte auch seine Wissenschaft um. Deshalb fällt auch er für Vasmer zuletzt unter die Kategorie „unwürdig" (Bl. 31).

Angst vor rassistischer Verfolgung, „finanzielle Vorteile" und Begünstigung vormals erfolgloser Dozenten oder bußfertiger Sozialdemokraten waren „die schwachen Punkte" innerhalb der Dozentenschaft, an denen „die Nazis ihre Hebel ansetzen konnten" (Bl. 8), um im Bereich Wissenschaft Land zu gewinnen. Eine weitere effektive Maßnahme war die von Vasmer angeführte „prompte Emeritierung" älterer Demokraten, um Stellen für politisch angepaßte jüngere Wissenschaftler freizumachen (Bl. 8). 1935 erhielten der Indologe *Heinrich Lüders* sowie der Historiker *Hermann Oncken* (beide 65) und 1939 der Historiker *Robert Holtzmann* (65) keine Lehrerlaubnis mehr, sondern wurden aus politischen Gründen prompt entpflichtet.[31]

Bemerkenswert ist, daß Vasmer die Stellenschaffung durch „Absetzung von jüdischen Professoren" (Bl. 8) erst jetzt und unter anderen personellen Maßnahmen des Reichserziehungsministeriums zum selben Zweck nennt. Im Unterschied zur Wissenschaftshistoriographie heute nahm er die jüdischen Kollegen noch nicht exklusiv wahr. Für ihn waren sie integrativer Teil der Berliner Professorenschaft. Die Vertreibung dieser Personengruppe erscheint aus seiner Sicht als eine Maßnahme neben anderen, gegen die Wissenschaftlergemeinschaft insgesamt gerichteten.

---

30 Vgl. Schaeders NS-Fragebogen vom 24.01.1936, UA HU, PA H. H. Schaeder 6, Bd. I, Bl. 78.

31 Vgl. Grüttner/Kinas, 135f.: Das Gesetz über Entpflichtung von Hochschullehrern aus Anlaß des Neuaufbaus des Hochschulwesens wurde am 21.01.1935 erlassen. Erlosch bislang mit Emeritierung die Lehrverpflichtung, nicht aber die Lehrerlaubnis, so bedurfte diese mit Erlaß vom 31.05.1935 einer besonderen Genehmigung des REM.

Eine andere Methode des Reichserziehungsministeriums, die Professorenschaft mit Befürwortern des Nationalsozialismus zu durchsetzen, beobachtete Vasmer in der Schaffung von aus seiner Sicht „unnötigen Ordinariaten", für die es „keine guten Anwärter" (Bl. 8), sondern eben nur Parteigenossen gab. So wurde 1933 Kriegsgeschichte mit *Walter Elze* besetzt, 1933 politische Pädagogik mit *Alfred Baeumler,* 1935/37 Märkische Geschichte mit *Willy Hoppe,* 1936 Wehrgeographie mit *Oskar Ritter von Niedermayer* (Lehrbefugnis seit 1933) und 1938 Wehrsport mit *Otto Nerz.* Alle genannten Lehrstühle, auch Hoppes volkstumspolitisch und antipolnisch profilierte Landesgeschichte[32], standen aber für den Nationalsozialismus im Dienst der Kriegsvorbereitung und Mobilisierung (s. Bl. 18, Berufungspolitik).

Als Maßnahme äußerer Disziplinierung der Professoren nennt Vasmer zuletzt den „Hitlergruss" (Bl. 9). Im Juli 1933 vom Reichsinnenministerium für die Beamtenschaft „einschließlich Hochschulen" erlassen, nahm ihn die Rektorenkonferenz im Oktober 1933 per Beschluß an: Bei Betreten des Katheders sollten die Dozenten den Arm zum „Deutschen Gruß" erheben und die Studenten ihn erwidern. Dennoch wurde der Erlaß nicht wie eine juristisch bindende Vorschrift gehandhabt. Allein wegen „Grußverweigerung" ist es zu keiner beamtenrechtlichen Disziplinierung gekommen.[33] Wie Vasmer berichtet, war es

---

32 1937 gründete Hoppe mit von Niedermayer das volkstumspolitische Institut für Heimatforschung der Universität Berlin in Schneidemühl (heute Piła); vgl. Christoph Jahr, „Die ‚geistige Verbindung von Wehrmacht, Wissenschaft und Politik': Wehrlehre und Heimatforschung an der Friedrich-Wilhelms-Universität zu Berlin 1933 - 1945", in: Jahrbuch für Universitätsgeschichte 4/2001, 161 - 176.

33 Dazu Heiber I, 165 - 172. Anfang 1934 kam es auch im behördlichen Schriftverkehr zu einer Grußregelung für Staatsbeamte: An den Briefschluß war anstelle der üblichen Höflichkeitsformeln „Heil Hitler!" zu setzen. Daran hielt Vasmer sich gegenüber den Behörden.

„unbequem“, aber möglich, den Hitlergruß im Universitätsbereich zu umgehen. So grüßten „viele von uns nur“ auf der regierungsunmittelbaren Ebene, bei Betreten des Ministeriums (Bl. 9). Er selbst, ergänzt Vasmer, „sorgte dafür, dass beide Hände besetzt waren“ (Bl. 9). In diesem Verhalten, das den gegebenen Spielraum tatsächlich spielerisch nutzt, kommt ein weiteres Mal Vasmers russische Sozialisation zum Tragen.[34] Das Leben der wissenschaftlich-künstlerischen Intelligenz im Zarenregime wie in der Sowjetdiktatur prägte ein klar unterschiedenes Zwei-Kulturen-Verhalten: das offizielle gegenüber den staatlichen Behörden und das der Intelligenz untereinander.[35] Vasmer verfügte über dieses zweifache Verhaltensrepertoire. Schon in den 20er Jahren setzte er es im Umgang mit deutschnationalen Institutionen wie dem Reichsinnenministerium bewußt ein. Das gegenteilige Verhalten einer Wissenschaftsgröße wie *Ulrich Wilcken*, des Erforschers altägyptischer Papyri, der „sonst nie eine Konzession an den N-S gemacht“ hatte, nun aber mit der „Gewissenhaftigkeit eines alten Beamten“ mit „Heil Hitler!“ grüßte, weil er auch diese „Vorschrift“ meinte erfüllen zu müssen, erscheint Vasmer bezeichnend „für verschiedene unserer Kollegen“ (Bl. 9). Neben anderen Verhaltensspielräumen kommt er später noch einmal auf die Grußverweigerung zurück: Den „Hitlergruss haben viele bis zum Schluss nicht angewandt“, insbesondere „fast alle“ von der Arbeitsstelle des „Deutschen Wörterbuchs“ an der Akademie

---

34 Vgl. Marie-Luise Bott, „'Deutsche Slavistik' in Berlin? Zum Slavischen Institut der Friedrich-Wilhelms-Universität 1933 - 1945“, in: Rüdiger vom Bruch (Hg.), Die Berliner Universität in der NS-Zeit. Bd. II: Fachbereiche und Fakultäten, Stuttgart 2005, 277 - 298, hier 284.

35 Das duale Modell – zweierlei Sprachen, zweierlei Verhalten – in Kultur- und Sozialgeschichte Rußlands haben Jurij Lotman und Boris Uspenskij in ihren Aufsätzen zur russischen Kulturtypologie vom Mittelalter bis zum 19. Jh. untersucht, vgl. etwa Ju. M. Lotman, B. A. Uspenskij, The Semiotics of Russian Culture, ed. by Ann Shukman, Ann Arbor 1984.

(Bl. 15); eine Beobachtung, die wohl vor allem das vertrauensvolle Verhältnis zwischen Vasmer und dieser Arbeitsgruppe bezeugt.[36]

3. Organisatorische Maßnahmen nationalsozialistischer Hochschulpolitik zur Entmachtung der Professorenschaft (Bl. 10 - 13)

Das Folgende gruppiert Vasmer nicht chronologisch, sondern nach Gewichtung der Eingriffe aus seiner Sicht. Als gravierendste organisatorische Maßnahme des Reichserziehungsministeriums wertet er die Zerschlagung der „grosse[n] Philosophischen Fakultät" (Bl. 10) im April 1936 in eine Philosophische und eine Mathematisch-naturwissenschaftliche. Das geschah unter dem erst 1934, nach Eingliederung der Tierärztlichen Hochschule, an die Berliner Universität gelangten und gegen das Votum des Lehrkörpers 1935 zum Rektor ernannten Veterinärmediziner Wilhelm Krüger, einem dienstbaren Parteimitglied (s. Bl. 11). Durch die Aufspaltung verlor die Philosophische Fakultät Vasmer zufolge ihr kritischstes, widerständiges Potential. Herausragende liberale „Nationalökonomen" (Bl. 10) wie Max Sering (Emeritus mit 1936 wieder eingeklagter Lehrbefugnis) und sein Schüler Constantin von Dietze – beide Kritiker der nationalsozialistischen Agrarpolitik, von Dietze zudem Mitglied der Bekennenden Kirche – gehörten ab jetzt zur Juristischen Fakultät. Von Dietze wurde allerdings noch 1936 nach Jena strafversetzt, folgte aber einem Ruf nach Freiburg. Die Physiker Otto Hahn, Max von Laue und

36 Ihre Leiter waren Arthur Hübner 1926 - 37, Julius Petersen 1937 - 39 und Julius Schwietering 1939 - 45. Zu den Mitarbeitern gehörten die Bl. 20 von Vasmer erwähnten, gegen ns-politische Einwände habilitierten bzw. beschäftigten Nachwuchswissenschaftler Ulrich Pretzel (1929 - 41), Werner Simon (1931 - 43) und Wilhelm Wissmann (1933, 1934 - 60). Vgl. Joachim Dückert (Hg.), Das Grimmsche Wörterbuch. Untersuchungen zur lexikographischen Methode, Leipzig 1987, 178 - 190.

Max Planck mit ihrem widerständigen öffentlichen Eintreten für jüdische Wissenschaftler[37] sowie der unangepaßte Biochemiker Kurt Noack[38] fielen der neugegründeten Mathematisch-naturwissenschaftlichen Fakultät zu. Damit sah Vasmer seine Fakultät ihrer „zuverlässigsten Mitglieder" (Bl. 10) beraubt.

Diese Äußerung umreißt seine politische Position innerhalb der Professorenschaft. Zugleich charakterisiert sie sein Wissenschaftsverständnis als Geisteswissenschaftler. Es ist geprägt von Rationalität und Überprüfbarkeit der historisch vergleichenden Sprachwissenschaft mit ihrem Regelsystem von Grammatik und Lautgesetzen. Es ist außerdem geprägt von einem Sachlichkeitsethos, das sich den sprach- und literarhistorischen Fakten der Slavia „ohne vorgefaßte Meinung" zuwenden will.[39]

---

37 Dazu, gegen Tendenzen jüngerer wissenschaftsgeschichtlicher Forschung, Eckart Henning, „Max Planck – ein ‚armer Wirrkopf' als Kollaborateur der Nazis?", in: M. Schalenberg, P. Th. Walther (Hg.), „... immer im Forschen bleiben". Rüdiger vom Bruch zum 60. Geburtstag, Stuttgart 2004, 351 - 371.

38 1935 strengte die NS-Dozentenschaft gegen den „hoffnungslosen Reaktionär" Noack, 1931 nach Berlin berufen und Direktor des Pflanzenphysiologischen Instituts, ein Disziplinarverfahren an. Der technische Gehilfe (SS-Obertruppführer) hatte denunziert: keine Institutsführung im Geiste des NS, Verweigerung des Hitlergrußes. Assistent Alphons Czaja ergänzte: Noack warte auf das Ende der Regierung Hitler. 12 Doktoranden sprachen sich für Noack aus. Daraufhin versetzte man den Gehilfen 1936 ans Psychologische Institut und berief Czaja an die TH Aachen. 1939 widersetzte sich Noack der Berufung des Hamburger Gaudozentenbundführers Edgar Irmscher als Nachfolger für Ludwig Diels am Botanischen Garten in Dahlem. Der Rechtsrat der Universität ermittelte gegen Noack, stellte das Verfahren aber 1940 ein. 1948 sagte Noack in einem Akademievortrag: „Noch nie hat irgendein ‚ismus' den Naturforscher unmittelbar gefördert; er ist Fanatiker der Tatsachen". Vgl. Ekkehard Höxtermann, „'Wir brauchen z. Zt. keine Galileis, sondern Metterniche!' – Auf den Spuren des Botanikers Kurt Noack (1888 - 1963)", in: Nova Acta Leopoldina, Supplementum Nr. 15 (1998), 11 - 33, hier 18 - 21.

39 So Vasmer mahnend zu Beginn des Kalten Krieges in der Ansprache

Mit diesem Begriff von Philologie als historischer Wissenschaft auf der Grenze zwischen Natur- und Geisteswissenschaften hält Vasmer noch an der alten Einheit der philosophischen Wissenschaften fest. In seinen wesentlichen Punkten – rational überprüfbare Arbeitsmethode, leidenschaftliches Spezialistentum, weltanschaulich voraussetzungsloser Dienst an der Sache selbst, Konzentration auf Tatsachenfeststellungen, klare Geschiedenheit von politischer Praxis im Hörsaal – stimmt Vasmers Wissenschaftsverständnis durchaus mit Max Webers Rede „Wissenschaft als Beruf" (1917) überein. Weber konterkarierte damit schon vor Kriegsende den Allzuständigkeitsanspruch der Geisteswissenschaften. Andererseits widersetzte er sich Bedürfnissen der studentischen Jugend nach „Erlösung vom Intellektualismus der Wissenschaft" und geistig-politischer Führung. Auch Vasmer begriff den Dozenten nicht als „Führer" sondern schlicht als Lehrer, der den Einzelnen anleitet, sich selbst Rechenschaft zu geben über sein Tun.[40]

Die Abspaltung der historisch-philologischen von den mathematisch-naturwissenschaftlichen Disziplinen erleichterte die ideologische Auflösung jenes einenden Wissenschaftsverständnisses und die Isolierung der wenigen widerständigen Wissenschaftler. Vorausgegangen war dem 1934 die Umwandlung der Landwirtschaftlichen und der Tierärztlichen Hochschule in eine Landwirtschaftlich-Tierärztliche Fakultät der Berliner Universität (Bl. 10).[41] 1940 kam als letzte die aus dem Seminar

---

zur Eröffnung des Osteuropa-Instituts der FU Berlin 1950; UA FU, Bestand ZI OEI, Redemanuskript Vasmers (10 Bl.), Bl. 9.

40 Max Weber, „Wissenschaft als Beruf", in: ders., Gesammelte Aufsätze zur Wissenschaftslehre, hg. von Johannes Winckelmann, vierte, erneut durchgesehene Aufl., Tübingen 1973, 582 - 613, hier 598, 605, 608. Zu Erstfassung der Rede vom November 1917 vgl. neu Max Weber, Gesamtausgabe, Abt. I: Schriften und Reden, Bd. 17, hg. von Wolfgang J. Mommsen und Wolfgang Schluchter in Zusammenarbeit mit Birgitt Morgenbrod, Tübingen 1992, 43 - 46, 59 - 65.

41 Die 1830 eingerichtete Höhere Forstliche Lehranstalt Eberswalde, ab

für orientalische Sprachen und der ehemaligen Hochschule für Politik gebildete Fakultät für Auslandswissenschaften mit ihrer anwendungsorientierten, auf die Politik des Nationalsozialismus bezogenen Landeskunde hinzu (Bl. 10). Die Integrierung dieses bis dahin überwiegend universitätsexternen Personals machte aus der früheren Professorenschaft eine große, politisch leichter verfügbare Masse.

Quasi als Folgeerscheinung nennt Vasmer dann die „Auflösung des Hochschullehrerverbandes" (Bl. 10), obgleich diese schon im August 1933 erfolgt war, trotz der ambivalenten Loyalitätsadresse des Verbandes an die neuen Machthaber vom April 1933.[42] Den darin formulierten Willen zur Aufrechterhaltung der Universitätsautonomie – Selbstverwaltung der Universität und Selbstergänzung des Lehrkörpers – brach das NS-Regime schon ein Jahr nach Machtantritt. Vasmer umreißt die sukzessive Entmündigung der Selbstverwaltungsgremien mit drei Stichworten: „Ausschaltung der Emeriti" bei den Fakultätssitzungen, verstärkte „Zulassung jüngerer Dozenten" in die Leitungsgremien und schließlich Aufhebung aller Abstimmungen überhaupt. Ab da mußte „jeder oppositionelle Vorstoß als ein unbedeutender Einzelversuch" erscheinen (Bl. 10), da er keine Gremienmehrheit mehr hinter sich versammeln konnte.

Die Entmachtung der Repräsentanten universitärer Selbstverwaltung setzte ein mit dem Verbot der Dekanswahlen 1934. Der letzte, im Mai 1934 gewählte Dekan der Philosophischen Fakultät war der Archäologe Rodenwaldt. Der erste, im Juni 1934 vom Reichserziehungsministerium ernannte Dekan war der Anglist

1886 Forstakademie, blieb – anders, als Vasmer Bl. 10 vermutet – separate Forstliche Hochschule (1921) und kam erst 1946 als Forstwissenschaftliche Fakultät zur Berliner bzw. Humboldt-Universität.

42 Dazu Lundgreen, Hochschulpolitik, 10; Heiber II/1, 107; Grüttner, Deutsche Universitäten, 74f.

Wilhelm Horn (Bl. 11).[43] Obwohl Nationalsozialist und ab 1937 auch Parteimitglied, übte Horn sein Amt aus Vasmers Sicht noch „verhältnismässig gewissenhaft“ aus (Bl. 11).[44] Kennzeichnend für die danach ernannten Dekane[45] ist für Vasmer, daß sie „am wenigsten Erfahrung“ an der Berliner Universität besaßen und von geringerem wissenschaftlichem Niveau waren: Der Indologe *Bernhard Breloer* (1894 - 1947), erst 1935 nach Berlin berufen, bis dahin Privatdozent in Bonn und aktiver Nationalsozialist, war 1936/37 Dekan. Ihm folgte 1937 - 1939/40 der Germanist *Franz Koch* (1888 - 1969), 1914 - 35 Bibliothekar in Wien, daneben 1932 - 35 ao. Professor für neuere deutsche Literatur an der Universität Wien. 1935 wurde er Extraordinarius, 1936 Ordinarius in Berlin (NSDAP 1937). Der aktive Nationalsozialist veröffentlichte 1937 „Goethe und die Juden“, amtierte 1936 - 45 auch als Hauptlektor für neuere deutsche Literatur- und Geistesgeschichte im Amt Schrifttumspflege der Dienststelle Rosenberg und leitete 1940 - 41 den „Kriegseinsatz“ der Germanisten[46]. 1940 - 45 amtierte

---

43 Vasmers Formulierung über die Zeit nach Rodenwaldts kurzem Dekanat: „An der Reihe waren nun: von Dietze, Schirmer, Schwyzer, Haenisch, Vasmer“ (Bl. 11), kann nur deren fällige Aufstellung zur Wahl meinen. Sie amtierten nach 1934 nicht.

44 Mit Dekan Horn (1876 - 1952) bestand Vasmer 1935/36 den schwersten Angriff von NS-Institutionen auf seinen Lehrstuhl nach Promotion des Juden Abraham Heller (s. Bl. 15). Zu den von Vasmer erwähnten „blamablen anglistischen Habilitationen“ bei Horn „gegen das Votum Schirmers“ (Bl. 11) gehörte noch 1945 die von Herbert Beer über „Die britische Einstellung zum Kriege im Zeitalter des Imperialismus“. Schirmer erreichte die Annullierung der Habilitation im Oktober 1945. Vgl. Frank-Rutger Hausmann, Anglistik und Amerikanistik im „Dritten Reich“, Frankfurt a. M. 2003, 182.

45 Vasmer läßt hier den Mathematiker Ludwig Bieberbach (1886 - 1982) aus, 1921 - 45 Ordinarius der Berliner Universität. Nach Horn 1935 zum Dekan der Philosophischen Fakultät ernannt, amtierte er bis April 1936, dann war er Dekan der Mathematisch-naturwissenschaftlichen Fakultät (s. Bl. 6).

46 Vgl. Wolfgang Höppner, „Das Berliner Germanische Seminar in den

als Dekan der Ägyptologe *Hermann Grapow* (1885 - 1967), 1922 - 1934 wissenschaftlicher Beamter an der Akademie der Wissenschaften, bis er nach 4 Jahren Lehrstuhlvertretung und Parteieintritt (1937) 1938 Ordinarius der Berliner Universität wurde (s. Bl. 8).

Ab 1935 folgte die Ernennung auch der Rektoren. Fischer mußte per Runderlaß des Reichserziehungsministeriums vom Dezember 1934 sein Amt niederlegen und die Neuwahl veranlassen. Er selbst wollte nicht mehr kandidieren. Im Februar 1935 wählten Dozenten und Professoren, darunter noch jüdische Mitglieder[47], in einer letzten offenen Wahl von den drei Kandidaten, die Fischer vorgeschlagen hatte, mehrheitlich den Anglisten und amtierenden Dekan Horn. Aber das Reichserziehungsministerium ernannte im April den in der Wahl unterlegenen Veterinäranatomen und Nationalsozialisten *Wilhelm Krüger* (1898 - 1977, NSDAP März 1933) zum Rektor.[48] Der aus Vasmers Sicht „völlig unbedeutende Tierärztliche Professor" (Bl. 11) proklamierte in seiner Rektoratsrede „Vom Werden der nationalsozialistischen Universität" umgehend den „nationalsozialistischen Umbau der Universität" auf personeller Ebene.[49] Nach diesem letzten vergeblichen Wahlakt 1935 folgten für Vasmer „nur noch Ernennungen gänzlich unfähiger" (Bl. 11): nach Krüger 1937 - 42 der Landeshistoriker

Jahren 1933 bis 1945", in: Holger Dainat, Lutz Danneberg (Hg.), Literaturwissenschaft und Nationalsozialismus, Tübingen 2003, 87 - 106, 94f.

47 Vgl. David Baumgardt, „Looking Back on a German University Career", in: Year Book X of the Leo Baeck Institute, London 1965, 239 - 265, hier 261.

48 Vgl. Heiber II/2, 429 - 433; Lösch, 244 - 247. Zu Krüger, Mitglied des Kampfbundes für deutsche Kultur, 1939 - 45 Heeresdienst (1940 SS, 1942 Untersturmführer im Rasse- und Siedlungshauptamt), vgl. Ernst Klee, Das Personenlexikon zum Dritten Reich. Wer war was vor und nach 1945? Frankfurt a. M. 2003, 344; und Michael Grüttner, Biographisches Lexikon zur nationalsozialistischen Wissenschaftspolitik, Heidelberg 2004, 101 (Lexikon).

49 Zit. nach Lösch, 247.

Willy Hoppe (1884 - 1960, NSDAP 1932), 1934 Autor von „Die Führungspersönlichkeit in der deutschen Geschichte", beteiligt am „Kriegseinsatz" der Geisteswissenschaften[50]; und 1942 - 45 der Orthopäde *Lothar Kreuz* (1888 - 1969), seit 1930 ao. Professor der Berliner Universität (NSDAP, SS 1933). 1934 war er als „Exekutivarzt" an der Ermordung der SA-Führung beteiligt. Ab 1936 leitete er ein DFG-Projekt zur „Erbbiologischen Bedeutung der angeborenen Miß- und Fehlbildungen"; 1937 war er Ordinarius, 1939 - 42 Dekan der Medizinischen Fakultät (1943 SS-Standartenführer).[51]

Vasmers Qualifizierung dieser Rektoren als „gänzlich unfähig" bezieht sich auf ihr wissenschaftliches Niveau und auf ihre Haltung als Repräsentanten der Universität gegenüber den Ministerien. Seit Krüger war das Rektoramt nicht mehr Ausweis des wissenschaftlichen Renommees der Universität. Ab jetzt zählte die politische Verfügbarkeit des Rektors im Sinne des Nationalsozialismus. Hauptmerkmal des vorgeblichen Führungsstils dieser ernannten Rektoren und Dekane war für Vasmer denn auch die fehlende Transparenz ihrer Beschlüsse. Das erschwerte Protestreaktionen (Bl. 12). So erfuhr die Fakultät eine Woche, nachdem sie den Wiener Osteuropahistoriker Hans Übersberger (NSDAP Wien, März 1933) als Nachfolger für den entlassenen Hoetzsch 1935 abgelehnt hatte, aus der Presse von seiner Berufung (Bl. 12).[52]

Bis zum März 1933 versuchte die Mehrheit der Professorenschaft den Nationalsozialismus noch zu verharmlosen (Bl. 13). Jüdische

50 Vgl. Klee, 269, und Grüttner, Lexikon, 79.

51 Zur Nachkriegskarriere von Kreuz bis hin zum Großen Bundesverdienstkreuz 1958 vgl. Klee, 269, und Grüttner, Lexikon, 98f.

52 Für die Fachgeschichte neu, vgl. Gabriele Camphausen, Die wissenschaftliche historische Rußlandforschung im Dritten Reich 1933 - 1945, Frankfurt a. M. etc. 1990, 41 - 56, hier 40.

Kollegen wie der Kunsthistoriker *Adolf Goldschmidt*[53] oder der Altphilologe *Eduard Norden*[54], beides Akademie-Mitglieder, reimten scherzhaft nach Art der Echolieder[55] auf „Mittler: Hitler". *Karl Stählin,* Osteuropahistoriker an der Berliner Universität 1920 - 33, wollte in Hitler nur den Reichskanzler sehen, über dem es immerhin noch einen Reichspräsidenten gab (Bl. 13).[56]

Aber diesen Verharmlosungen stand schon ab Mai 1933 die Verfolgung von Kollegen gegenüber. Vasmer erinnert an die Rede von Kultusministers Rust zur Semestereröffnung am 6. Mai in Gegenwart jüdischer Kollegen wie des Juristen *James Goldschmidt* oder des – allerdings regimebejahenden – Keltologen *Julius Pokorny* (Bl. 13). Die Mehrheit der Professoren empfand diese Rede als

---

53 Adolf Goldschmidt (1863 - 1944), 1903 Ordinarius der Universität Berlin, 1904 in Halle, ab 1912 wieder in Berlin, 1914 Mitglied der Preußischen Akademie der Wissenschaften, 1927 - 30 Gastprofessur in Cambridge. 1938 aus der Akademie ausgeschlossen, emigrierte Goldschmidt 1939 nach Basel. Nicht zu verwechseln mit James Goldschmidt (1863 - 1940), dem „Juristen" (Bl. 13): 1908 ao. Prof., 1919 - 34 Ordinarius an der Universität Berlin. Im April 1934 zwangsversetzt an die Universität Frankfurt a. M., im September 1934 „auf Antrag" entpflichtet, emigrierte er nach Spanien, 1938 in die USA und von dort nach Südamerika. Vgl. Lösch, 192 - 195.

54 Eduard Norden (1869 - 1941), 1906 - 35 Ordinarius der Berliner Universität, 1927 deren Rektor. Ende März 1935 zwangsemeritiert und 1938 aus der Akademie ausgeschlossen, floh Norden 1938 nach Zürich.

55 Johannes Bolte, Das Echo in Volksglaube und Dichtung. Sitzungsberichte der Preußischen Akademie der Wissenschaften. Phil.-hist. Klasse, Berlin 1935, 265 - 288.

56 Am 30.01.1933 kündigten die Berliner Morgenzeitungen Hitler schon als Reichspräsidenten an. Als die Abendzeitungen seine Ernennung zum Reichskanzler berichteten, war auch das für den 26jährigen Rechtsreferendar Sebastian Haffner ein „eisiger Schreck". Auch er, ein bürgerlicher Intellektueller ohne entschiedene politische Ansichten, hatte die Nazis bis dahin verharmlost: „Ich neigte damals noch dazu, sie nicht ganz ernst zu nehmen – eine verbreitete Haltung unter ihren unerfahrenen Gegnern, die ihnen viel geholfen hat". Vgl. Sebastian Haffner, Geschichte eines Deutschen. Die Erinnerungen 1914 - 1933 [England 1939], München 2000, 104f., 102.

üble politische Beschimpfung. Rust kündigte das „Ausschalten“ der „fremdrassigen Professoren“ an, von denen sich „die deutsche Jugend“ nicht mehr „führen“ lassen wolle.[57] Hatte es schon vorher „Pogrome jüdischer Geschäfte“ in der Stadt gegeben (Bl. 13)[58], so begann nach Rusts Rede, wie Vasmer meint, die Verfolgung von Professoren durch „Gestapo-Leute“ an der Universität. Tatsächlich begann sie schon früher. Eine der bestbesuchten Vorlesungen, die des jüdischen Juristen *Martin Wolff* über Bürgerliches Recht, wurde am 4./5. Mai von SA und NS-Studentenbund boykottiert. Der noch amtierende Rektor Kohlrausch solidarisierte sich als einziger Kollege mit Wolff und wies die Studenten zurecht.[59] Vasmer weiß darüber hinaus, daß einige Studenten um Wolff einen Schutzring bildeten, darunter der Sohn des Neukantianers *Heinrich Maier* (1867 - 1933), 1922 - 33 Ordinarius für Philosophie an der Berliner Universität und erklärter Befürworter der Weimarer Republik. Sein Sohn Georg war Assistent an der Juristischen Fakultät. Er habilitierte sich im Dezember 1933, erhielt aber keine Lehrerlaubnis. Nach seinem Spottbericht in der „Vossischen Zeitung“ über die NS-Dozentenlager („Die Professoren der Zukunft“) wurde er im Januar 1934 verhaftet und für zwei Wochen im KZ Oranienburg interniert, kam aber durch Fürsprache frei.[60]

---

57 In Auszügen abgedruckt bei Lösch, 168 - 170.

58 Der Boykott jüdischer Geschäfte ab 1. April 1933, eine von der SA überwachte „Massenaktion“ (Haffner, 136ff.), schuf jene Pogromstimmung, die Vasmer davon abhielt, zu Rusts Rede am 6. Mai zu gehen.

59 Lösch, 131f. – Martin Wolff (1872 - 1953), 1900 Privatdozent, 1903 ao. Professor und 1921 als herausragender Spezialist für deutsches Zivilrecht Ordinarius der Berliner Universität, wurde 1934 entlassen. 1936 entzog man ihm die Lehrbefugnis. Er emigrierte 1938 nach England. Für seine Darstellung des englischen International Private Law (1945) erhielt er 1953 die Ehrendoktorwürde der Universität Oxford. Wolff starb 1953 in London.

60 Danach arbeitete er als Journalist und Rechtsanwalt. Im April 1935 erhielt er doch noch die Dozentur. Georg Maier starb im Oktober 1945 auf einem Gefangenentransport in Rußland. Vgl. Lösch, 226f.,

4. Verhaltensspielräume kollegialer Solidarität und Gründe für besondere Verfolgung (Bl. 14 - 17)

Vom Beginn rassistischer und politischer Verfolgungen innerhalb der Universität kommt Vasmer zum Thema Kollegen- und Lehrer-Schüler-Solidarität.[61] Zwar erschwerte das unter Rektor Fischer eingeführte „Führerprinzip" direkte Verhandlungen der Nichtparteimitglieder mit dem Kultusministerium (Bl. 13). Aber dennoch gab es vereinzelt solidarisches Verhalten unter Lehrenden und Studenten. Vasmer selbst sprach bei Fischer vor und machte vergeblich Eingaben beim Reichserziehungsministerium, nachdem sein Assistent *Bernd von Arnim* (1899 - 1946) im Sommer 1933 von einem SA-Mann zusammengeschlagen worden war. Von Arnim hatte sich 1932 bei Vasmer habilitiert und wurde 1939 Dozent. Er gehörte keiner NS-Institution an. 1943 erhielt er ein Extraordinariat in Graz.
Wiederum nicht exklusiv führt Vasmer die Intervention einiger Professoren bei ausländischen Diplomaten gegen die Entlassung jüdischer Kollegen an. So verwandte sich vermutlich Vasmer selbst bei dem ihm bekannten finnischen Sprachwissenschaftler und Politiker Emil N. Setälä (1864 - 1935) für *Ernst Lewy* (1881 - 1966), seit 1925 Extraordinarius für Finnougristik in Berlin. Dennoch wurde Lewy 1935 zwangsemeritiert und emigrierte 1937 nach Dublin. Auch für den Keltologen *Julius Pokorny* (1887 - 1970) konnte über irische Diplomaten „nur ein Aufschub" (Bl. 14) erreicht werden. Im Dezember 1935 wurde Pokorny entlassen, konnte sich aber noch relativ frei bewegen und forschen. Er emigrierte erst 1943 in die Schweiz.[62]

---

230 - 232, 338f.

61 Vgl. die Beispiele bei Heiber I, 217ff.

62 Pokorny, 1920 ao. Prof., 1929 - 35 Ordinarius für Keltologie, ab 1932 Direktor des Indogermanischen Seminars der Universität Berlin, wurde im April 1933 vom Dienst suspendiert, im November aber wieder eingestellt. Für ihn eingesetzt hatte sich Dekan Hartung,

Eine auch Vasmer betreffende Drohmaßnahme gegen politisch mißliebige Professoren war die wiederholte Kontrolle ihres Stammbaumes („5 mal", Bl. 14). Auch die politische Überwachung der Ordinarien durch ihre Assistenten, die NS-Studentenschaftsvertreter, ja sogar die Pedelle setzte schon 1933 ein (Bl. 14). Das Slavische Institut mit nur einem Ordinarius bildete insofern eine glückliche Ausnahme, als beide Assistenten (zu Woltner s. Bl. 20) keine Nationalsozialisten waren. Auch der statt dessen befragte Assistent der Osteuropageschichte, *Werner Philipp* (1908 - 1996), war Vasmer gegenüber loyal und blieb dem Nationalsozialismus gegenüber resistent.[63] Die Vertreterin der

---

unterstützt von Gamillscheg, Horn, Neckel und Vasmer, am 17.09.1933 in einem Gutachten an das REM. Im Dezember 1935 zwangspensioniert, konnte Pokorny 1936 doch zu Forschungszwecken nach Österreich und Kopenhagen reisen. In seiner „Zeitschrift für celtische Philologie" 21/1938 dankte er in seinem letzten Beitrag „Zur Urgeschichte der Kelten und Illyrer" u. a. Vasmer und Gamillscheg „für ihre freundliche Hilfe bei zahllosen schwierigen Problemen" (162); sein „Indogermanisches etymologisches Wörterbuch" erschien 1958. Im Sommer 1939 mußte er die Zeitschrift an seinen Nachfolger, den Nationalsozialisten Ludwig Mühlhausen, abgeben, der sie umbenannte in „Zeitschrift für keltische Philologie und Volksforschung". Pokorny schützten bis zur Emigration 1943 offenbar Beziehungen zu Personen im Partei- und Staatsapparat. Obgleich jüdisch, gehörte er der völkischen Ausrichtung seines Faches an, die er mit „Exkursen in den Antisemitismus und Rassismus" seit 1916 bezeugt hatte. Vgl. Joachim Lerchenmüller, „Keltologie", in: Frank-Rutger Hausmann (Hg.), Die Rolle der Geisteswissenschaften im Dritten Reich 1933 - 1945, München 2002, 137 - 164, hier 141; ders., ‚Keltischer Sprengstoff'. Eine wissenschaftsgeschichtliche Studie über die deutsche Keltologie von 1900 bis 1945, Tübingen 1997, 287f., 299f.

63 Philipp, promoviert 1932 bei Richard Salomon in Hamburg, war 1933 - 40 apl. Assistent am Berliner Seminar für osteuropäische Geschichte und Landeskunde unter Hoetzsch, ab 1935 unter Übersberger. Zweitgutachter seiner Habilitation 1939 war Vasmer. 1941 wurde Philipp Privatdozent in Königsberg, dann Soldat. 1944 war er ao. Prof. in Königsberg, 1946 - 52 in Mainz, ab 1951 Ordinarius („primo et unico loco" berufen mit Gutachten von Vasmer und

NS-Studentenschaft, *Gabriele Anspach*, verh. von Lindheim (geb. 1918, NSDAP Dezember 1939), die bei Vasmer 1944 promovierte, machte ebenfalls keine belastenden Angaben über ihn.

Die Lehrer-Schüler-Solidarität am Slavischen Institut erstreckte sich auch auf deutsche und ausländische Studenten jüdischer Herkunft. So promovierte der russisch-jüdische Slavist und Dichter *Michail Gorlin* (1909 - 1942) noch im Mai 1933 bei Vasmer, der die Druckkosten für die Dissertation übernahm und Gorlin im selben Jahr ans Institut d'Etudes slaves in Paris vermittelte (Bl. 15). Der deutsch-jüdische Slavist *Otto Franck* (1885 - 1943) promovierte im März 1933 bei Vasmer und war bis 1937 an der Slavischen Kommission der Akademie der Wissenschaften beschäftigt, bevor er als Lektor an die Universität Skopje ging (Bl. 15). Noch 1934 promovierte Vasmer mit Hoetzsch den litauischen Juden *Abraham Heller* (s. Bl. 21), was ihm 1936 eine Verwarnung des Reichserziehungsministeriums eintrug. Seit 1929 beantragte Vasmer jährlich einen Lehrauftrag für den 1922 aus der Sowjetunion ausgewiesenen und am Russischen Wissenschaftlichen Institut in Berlin lehrenden Petersburger Philosophen und konstitutionellen Demokraten *Semën L. Frank* (1877 - 1950). Frank, vormals Vasmers Dekan an der Universität Saratov, lehrte bis März 1933 russische Literatur- und Geistesgeschichte an der Berliner Universität. 1937 emigrierte er nach Paris und von dort nach London.

Besonders verfolgt wurden Professoren, die vor 1933 gegen den Nationalsozialismus Stellung genommen hatten (Bl. 16). Das betraf etwa den Indologen und Prorektor Lüders (Bl. 5). Als Mitglieder der Bekennenden Kirche wurden verfolgt: der Jurist *Rudolf Smend* (1882 - 1975), 1922 - 35 Ordinarius der Berliner Universität, 1933 als Herausgeber des „Archivs für öffentliches

---

Meinecke) an der FU Berlin. 1966 war Philipp Autor der ersten Traditionskritik seines Faches im NS. Vgl. Hans-Joachim Torke, „Werner Philipp. Leben und Werk eines Osteuropa-Historikers", in: Berliner Jahrbuch für osteuropäische Geschichte 1/1995, 29 - 42; Camphausen, 50 - 52, 257f.

Recht“ abgesetzt, 1936 nach Göttingen zwangsversetzt und in den letzten Kriegsjahren nach eigenen Angaben von der Gestapo wegen „Beziehungen zur Widerstandsbewegung“ verfolgt[64]; der Nationalökonom *Constantin von Dietze* (1891 - 1973), seit 1933 Ordinarius der Berliner Universität, 1936 nach Jena strafversetzt, ab 1937 Ordinarius der Universität Freiburg[65]; und der Theologe *Walter Dreß* (1904 - 1979), seit 1929 Privatdozent der Berliner Universität, Freund und Schwager von Dietrich Bonhoeffer, im März 1938 wegen seines Engagements für die Bekennende Kirche mit Lehrverbot belegt.[66] Auch Vasmer selbst gehörte der Bekennenden Kirche an. Offiziell begründet wurde sie im Mai 1934 auf der Synode in Barmen mit Karl Barths „Barmer Erklärung“. Aber sie nahm schon im November 1933 mit der vom Notbund verabschiedeten Kanzelabkündigung u. a. in Martin Niemöllers Dahlemer Gemeinde ihren Anfang. So erklärt sich vielleicht Vasmers Angabe seines frühen, unbemerkt gebliebenen Beitritts

64 Lösch, 395f., will in Smends Wechsel nach Göttingen keine Zwangsversetzung sehen. Heiber I, 231, nennt als Grund dafür Smends Eintreten für seine jüdischen Schüler. In Göttingen bildete Smend einen „Kreis“ (ebd., 187) und beriet Goerdeler in juristischen Fragen für dessen Planung eines Deutschland nach Hitler (ebd., 189).

65 Von Dietze, Mitglied im Bruderrat der Bekennenden Kirche, vertrat 1937 in Potsdam einen inhaftierten Pfarrer, wurde verhaftet, kam aber nach einer Rechtsklage frei. Als Mitglied des „Freiburger Kreises“ erarbeitete er 1943 eine „Politische Gemeinschaftsordnung“ für die Zeit nach Kriegsende. Nach dem Attentat auf Hitler 1944 wurde er verhaftet und kam ins KZ Ravensbrück. Ab 1945 lehrte er wieder an der Universität Freiburg Vgl. Klee, 111; Christoph Cornelißen, Gerhard Ritter. Geschichtswissenschaft und Politik im 20. Jahrhundert, Düsseldorf 2001, 334 - 363.

66 Zum „Fall Dreß“ vgl. Hartmut Ludwig, „Die Berliner Theologische Fakultät 1933 bis 1945“, in: Rüdiger vom Bruch (Hg.), Die Berliner Universität in der NS-Zeit. Bd. II: Fachbereiche und Fakultäten, Stuttgart 2005, 93 - 121, hier 115.

„erst 1933" als häufig anzutreffender Slavismus: „ešče" – „noch, erst" im Sinne von „schon".[67]

Im Zusammenhang mit Verfolgung aus konfessionellen Gründen nennt Vasmer nach den Mitgliedern der Bekennenden Kirche auch „alle jüdischen Professoren und jüdisch verheiratete" (Bl. 16). Drei Jahre nach Bekanntwerden der Massenvernichtung von Juden erscheint das allerdings als unzulässiger Relativismus.[68] Von den jüdisch Verheirateten nennt Vasmer den Heidelberger Ägyptologen *Hermann Ranke* (1878 - 1953), 1937 zwangsemeritiert, 1938 - 41 Gastprofessor in Amerika, nach 1945 wieder in Heidelberg; und den Gießener Germanisten *Karl Viëtor* (1895 - 1951), der 1937 in die USA emigrierte, wo er bis 1951 Professor der Harvard University war. In Berlin traf es den Altphilologen *Werner Jaeger* (1888 - 1961), der seit 1926 hier lehrte. Wegen seiner jüdischen Frau wurde der bedeutende Aristoteles- und Platoforscher 1936 zwangsemeritiert und emigrierte in die USA.

Verfolgt wurden ebenso Professoren, die jüdische Assistenten hatten (Bl. 16). Der Chemiker *Wilhelm Schlenk* (1879 - 1943), 1921 - 35 Direktor des Chemischen Instituts der Universität Berlin, verleugnete nach 1933 seine demokratische Gesinnung nicht und brach auch den Kontakt zu jüdischen Kollegen nicht ab. 1932

---

67 Zu den Anfängen der Bekennenden Kirche vgl. Klaus Scholder, Die Kirchen und das Dritte Reich, Bd. I, Frankfurt a. M. / Berlin / Wien 1977, 709, 718, 740; die bei Vasmer Genannten erscheinen hier nicht.

68 Von den Lehrenden der Berliner Universität betraf es (nach Grüttner/ Kinas, 140) über 30%. 1924 waren von ihren 430 Ordinarien, ao. Professoren und Privatdozenten 82 jüdisch (19,1%): von 140 Ordinarien 9 (6,4%), von 182 nichtetatmäßigen Professoren 53 (29,1%) und von 108 Privatdozenten 20 (18,5%). Das indiziert den latenten Antisemitismus der Hochschule: Auf Ordinariaten waren Juden anzahlmäßig geringer vertreten als in den niedrigeren akademischen Statusgruppen. Vgl. Andreas Ebert, Jüdische Hochschullehrer an preußischen Universitäten (1870 - 1924). Eine quantitative Untersuchung mit biografischen Skizzen, Frankfurt a. M. 2008, 432.

promovierte er Ernst Boris Chain, Sohn russisch-jüdischer Eltern aus Berlin, der 1933 nach England emigrierte und 1945 den Nobelpreis erhielt. Schlenk hielt 1934 die Gedenkansprache für Fritz Haber auf der Jahrestagung der Deutschen Chemischen Gesellschaft und wurde deshalb 1935 nach Tübingen strafversetzt. 1942 schloß man ihn wegen mangelnder Regimetreue aus der Gesellschaft aus.[69] Der von Vasmer angeführte *Leo Ubbelohde* (1876 - 1964) dagegen, 1933 - 40 Direktor des Technisch-chemischen Instituts der TH Berlin, war bekannt für seinen Antisemitismus (NSDAP, SS 1933). 1933 wirkte er mit an der Entlassung von Reginald O. Herzog, Direktor des Kaiser-Wilhelm-Instituts für Faserchemie. Doch 1937 geriet Ubbelohde in einen offenen Konflikt mit dem Wehrchemiker Rudolf Mentzel (s. Bl. 8), dem zuständigen Fachreferenten im Reichserziehungsministerium und Präsidenten der Deutschen Forschungsgemeinschaft. 1938 wurde er seines Amtes an der TH enthoben, 1940 emeritiert.[70] Weiter nennt Vasmer den Gestaltpsychologen *Wolfgang Köhler* (1887 - 1967), 1922 - 35 Direktor des Psychologischen Instituts der Universität Berlin. Köhler protestierte 1933 offen gegen die nationalsozialistische Rassenpolitik und emigrierte 1935 in die USA.

Viertens nennt Vasmer Professoren, die einem „beliebteren Konkurrenten" weichen mußten (Bl. 16). So hatte der Kunsthistoriker *Albert E. Brinckmann* (1881 - 1958, NSDAP März 1933), seit 1931 Ordinarius in Berlin und Inhaber des im Nationalsozialismus so angesehenen Goldenen Sportabzeichens, 1935 in einem Ringtausch den Lehrstuhl freizumachen für den von Reichserziehungsministerium und Generaldirektion der Staatlichen Museen Berlin erwünschten Münchner Ordinarius *Wilhelm Pinder* (1878 - 1947). Daß Pinder obendrein „Regiments-

69 Vgl. Ute Deichmann, Flüchten, Mitmachen, Vergessen: Chemiker und Biochemiker in der NS-Zeit, Weinheim 2001, 63, 167f. und 308.

70 Ebd., 232, 383; von Ubbelohdes Einsatz für jüdische Mitarbeiter ist bislang nichts bekannt.

kamerad von Rust“ gewesen war (Bl. 16), dürfte gegenüber den fachwissenschaftlichen Gründen für seine Berufung eher ein Nebenmotiv gewesen sein.[71]

Verfolgt wurden fünftens Professoren, die sich für den Heidelberger Mathematiker und Pazifisten *Julius Gumbel* (1891 - 1966) eingesetzt hatten. Mit seinen Reden und Artikeln gegen politische Fememorde, die antirepublikanische Rolle der Justiz und die Schwarze Reichswehr zog sich der unabhängige Sozialist den Haß der politischen Reaktion insbesondere unter den Studenten zu (die „Gumbelkrawalle“ 1931). 1932 entzog ihm die Universität Heidelberg die Lehrerlaubnis. Gumbel ging nach Frankreich, von wo aus er weiter gegen das NS-Regime publizierte. 1940 emigrierte er in die USA.[72] Zu den Professoren, die sich 1931/32 mit Gumbel im Kampf gegen die NS-Studentenschaft solidarisiert hatten, gehörte der später (Bl. 17) genannte Slavist *Reinhold Trautmann* (1883 - 1951), Vasmers Nachfolger in Leipzig 1926 und Mitherausgeber der Reihe „Grundriß der slavischen Philologie“. Gegen ihn leitete das Dresdener Volksbildungsministerium 1933 ein Verfahren ein. 1937 wurde Trautmann, obwohl kein Nationalsozialist, Parteimitglied. Aber er erhielt keine Genehmigung mehr für Auslandsreisen und eine Verwarnung wegen seiner Forschung über die Sorben in Deutschland. 1939 wurden seine Arbeiten über slavische Ortsnamen in Mecklenburg und Holstein beschlagnahmt. 1944 verweigerte ihm das Reichserziehungsministerium die korrespondierende Mitgliedschaft in der Preußischen Akademie der Wissenschaften.

71 Dazu Sabine Arend, „'Einen neuen Geist einführen...?' Das Fach Kunstgeschichte unter den Ordinarien Albert Erich Brinckmann (1931 - 1935) und Wilhelm Pinder (1935 - 1945)“, in: Rüdiger vom Bruch (Hg.), Die Berliner Universität in der NS-Zeit. Bd. II: Fachbereiche und Fakultäten, Stuttgart 2005, 179 - 197.

72 Zu Gumbel, jüdischer Herkunft, vgl. Heiber I, 68ff.; Christian Jansen, Emil Julius Gumbel – Porträt eines Zivilisten, Heidelberg 1991.

Verfolgt wurden insbesondere „Freunde des Bolschewismus" (Bl. 16). So galt der Berliner Osteuropahistoriker *Otto Hoetzsch* (1876 - 1946) – obgleich, wie Vasmer hinzufügt, „dienstbeflissen" gegenüber dem neuen Regime mit Aufsätzen wie „Die deutsche nationale Revolution" 1933 oder „Der deutsche Osten in Geschichte und Gegenwart" 1934 – seit seiner Organisation der „Deutsch-sowjetischen Historikerwoche" 1928 den Nationalsozialisten als „Kulturbolschewist". Die Promotion des litauischen Juden Abraham Heller (Bl. 21) war nur noch ein letzter Anlaß zur Zwangsemeritierung von Hoetzsch 1935.[73]
Verfolgt wurde schließlich, wer „wichtige Geheimnisse der führenden Schicht kannte" (Bl. 15). Diese Erklärung für die Ermordung der Romanistin *Margot Sponer* (1898 - 1945) ist neu. Die jüngere Schwester der Physikerin Hertha Sponer[74] war 1928 - 33 Lektorin für Spanisch im Beirat für Auslandsstudien an der Berliner Universität. 1931 schloß sie bei Gamillscheg ihre herausragende Dissertation über altgalizische Urkunden ab, aber die Drucklegung in Spanien zog sich bis 1935 hin. Über Margot Sponers Leben 1933 - 37 ist wenig bekannt. Zeitweilig hielt sie sich in Spanien auf, verließ das Land aber nach Beginn des Bürgerkrieges. 1937 - 40 war sie wieder Spanisch-Lektorin an der Universität Berlin, ab 1940 an der Auslandswissenschaftlichen Fakultät und ab 1941 auch an der Berliner Wirtschafts-Hochschule. Für Oktober-November 1940 und September-Oktober 1941 genehmigte ihr das Reichserziehungsministerium Studienreisen nach Spanien.[75] Doch im

---

73 Hoetzsch war deutschnational, trat aber keiner NS-Institution bei. Vgl. Camphausen, 18 - 32; Gerd Voigt, Otto Hoetzsch 1876 - 1946. Wissenschaft und Politik im Leben eines deutschen Historikers, Berlin 1978; Uwe Liszkowski, Historische Osteuropaforschung und politische Bildung, ein Beitrag zum historisch-politischen Denken und Wirken Otto Hoetzschs, 2 Bände, Kiel 1984.

74 Hertha Sponer (1895 - 1968), 1932 ao. Professorin der Universität Göttingen, 1933 an der Universität Oslo. 1936 folgte sie ihrem Mann, dem Physiker James Franck (s. Bl. 26), in die USA.

75 1941 erschien bei de Gruyter-Collignon, hg. von M. Sponer,

September 1942 wurde sie wegen „persönlicher Spannungen“ zwischen ihr und Noëli, dem Leiter der Sprachabteilung Spanisch an der Auslandswissenschaftlichen Fakultät, entlassen. Anlaß waren „verschiedene Auffassungen in pädagogischen Fragen“ bei „Bewertung einer Kandidatin durch die Prüfungskommission“.[76] In den Jahren 1942 - 45 lebte sie von Übersetzungen für Konzerne und das Auswärtige Amt und half daneben Verfolgten, u. a. KZ-Häftlingen mit Geld- und Paketsendungen.[77] Die Gestapo verhaftete sie nach dem 10. Februar 1945 und ermordete sie Ende April vermutlich im KZ Neuengamme.[78] Im Juni 1946 schrieb Lise Meitner an Max von Laue: Hertha Sponer habe von ihrer Schwester berichtet, daß die Nazis sie „noch im April 1945“ umbrachten, „weil sie an der unterirdischen Bewegung beteiligt war“.[79] Der von Vasmer genannte Grund für Margot Sponers Ermordung kurz vor Kriegsende, interne Kenntnisse über die Führungsschicht der Nationalsozialisten, könnte mit ihrer Übersetzertätigkeit ab 1942 für Auswärtiges Amt und Franco-Spanien zusammenhängen.

Daß er selbst verschont blieb, erklärt Vasmer einerseits mit dem „Zufall“ (Bl. 17), nicht ersetzbar gewesen zu sein: Trautmann war politisch in die Kritik geraten (s. Bl. 16), der ältere *Erich Berneker* (1874 - 1937) in München krank. Andererseits konvergierten Vasmers bis heute gültigen Forschungsergebnisse zur polnischen und russischen Altertumskunde fatalerweise mit den Interessen

---

„Documentos Antiguos de Galicia“.

76 UA HU, PA Margot Sponer, Nr. 176: Six an REM, 27.07. und 10.08.1942. Eingaben von Sponer an das REM gegen diesen Entscheid blieben erfolglos.

77 Vgl. Bernard Morey, Le voyageur égaré, Paris 1981, 194.

78 UA HU, PA Margot Sponer, Nr. 176, gibt noch an: Februar 1945, KZ Neuengamme. Dazu Annette Vogt, Vom Hintereingang zum Hauptportal? Lise Meitner und ihre Kolleginnen an der Berliner Universität und in der Kaiser-Wilhelm-Gesellschaft, Stuttgart 2007, 407 - 410.

79 Jost Lemmerich (Hg.), Lise Meitner – Max von Laue: Briefwechsel 1938 - 1948, Berlin 1998, 452.

der NS-Ideologie. Seine Nachweise, daß der germanische Stamm der Wikinger im Altertum auf russischem und polnischem Gebiet siedelte[80] und der germanische Stamm der Burgunder eine Zeit lang östlich der Oder (in Schlesien und Hinterpommern) ansässig war[81], machten sich nationalsozialistische Prähistoriker wie *Bolko Freiherr von Richthofen* (1899 - 1983, NSDAP 1933), Ordinarius in Königsberg 1933 - 42, oder *Carl Engel* (1895 - 1947, NSDAP mit Amt 1933), 1935 Extraordinarius am Herder-Institut in Riga, ab 1939 Ordinarius der Universität Greifswald, für ihren „Volkstumskampf" propagandistisch zunutze. Und Vasmer erhob selbstverständlich auch nicht öffentlich Einspruch dagegen. Vielmehr nutzte er den Zeitwert seiner Arbeiten bis 1939 argumentativ zur Erhaltung der Kernzone seines Faches, der „Zeitschrift für slavische Philologie". Die ihm und seinen Schülern mehrfach angelastete „Polenfreundlichkeit" (so ein Bericht des Sicherheitsdienstes der SS 1939[82]) konnte Vasmer mit dem Hinweis kontern, daß die polnische Regierung seine Wahl zum korrespondierenden Mitglied der Krakauer Akademie der Wissenschaften 1927 und 1937 wegen seines vermeintlichen deutschen Chauvinismus nicht bestätigt hatte.[83] Auch schützte ihn sein internationales Ansehen, das sich in zahlreichen Mitgliedschaften in ausländischen Akademien und Gesellschaften manifestierte. Nicht zuletzt schützte ihn seine frühe Kritik gegenüber dem Sowjetkommunismus: 1928 hatte er offen bemängelt, daß auf der Deutsch-sowjetischen Historikerwoche

---

80 Vgl. M. Vasmer, „Wikingerspuren in Rußland", in: Sitzungsberichte der Preußischen Akademie der Wissenschaften, Phil.-hist. Klasse, Berlin 1931, 649 - 674.

81 Vgl. ders., „Der Burgundername bei den Westslaven", in: Sitzungsberichte der Preußischen Akademie der Wissenschaften, Phil.-hist. Klasse, Berlin 1933, 197 - 206.

82 Vgl. Heinz Boberach (Hg.), Meldungen aus dem Reich 1938 - 1945. Die geheimen Lageberichte des Sicherheitsdienstes der SS, Band 2, Herrsching 1984, 257.

83 Vgl. Bott, Denkschrift.

die in Sowjetrußland noch existierenden antistalinistischen Positionen nicht mit vertreten waren.

5. Nationalsozialistische Berufungspolitik und Teilerfolge der Philosophischen Fakultät (Bl. 18 - 20)

„Die Widerstandskraft der Fakultäten“ zu brechen (Bl. 19), gelang dem Reichserziehungsministerium aus Vasmers Sicht vor allem über die Berufungspolitik. So verhinderte das NS-Kultusministerium an der Philosophischen Fakultät der Universität Berlin eine Reihe politisch unerwünschter Kandidaten.

Der Historiker *Gerhard Ritter* (1888 - 1967), seit 1925 Ordinarius in Freiburg im Breisgau, hatte 1935 gegen die politisch bedingte vorzeitige Emeritierung seines Lehrers Wilhelm Oncken öffentlich Stellung genommen. Das empfahl ihn nicht als Nachfolger in Berlin.[84] Ritter, Mitglied der Bekennenden Kirche, ging 1938 in die politische Opposition und gehörte mit Constantin von Dietze und anderen zum Kern des „Freiburger Kreises“. 1944 - 45 wegen seines Kontaktes zum konservativen Widerstand um Goerdeler inhaftiert, lehrte er ab 1945 wieder in Freiburg.[85] Der Historiker *Percy Ernst Schramm* (1894 - 1970), seit 1929 Ordinarius in Göttingen, galt als politisch liberal. Zwar beeindruckten ihn Einmarsch und Anschluß in Österreich 1938, aber Rassentheorie

---

84 Bei Neubesetzung des Lehrstuhls Oncken traf der NS-Historiker Walter Frank die Vorentscheidung über Platz 1 der Berufungsliste: Arnold O. Meyer aus München. Der Form halber durfte dann die Fakultät einen Dreiervorschlag einreichen. Dekan Hartung setzte auf Platz 1 Heinrich Ritter von Srbik aus Wien, von dem bekannt war, daß er Franks inoffizielle Anfrage abgelehnt hatte, und auf Platz 2 Gerhard Ritter. Vgl. René Betker, Das Historische Seminar der Berliner Universität im „Dritten Reich“, unter besonderer Berücksichtigung der ordentlichen Professoren, Berlin 1997 (Magisterarbeit der TH Berlin), 87 - 90.

85 Vgl. Cornelißen, Gerhard Ritter.

und Bildungspolitik des NS-Regimes lehnte er entschieden ab.[86] Der Altphilologe *Karl Reinhardt* (1886 - 1958), seit 1924 Ordinarius der Universität Frankfurt am Main, ließ sich am 5. Mai 1933 aus Protest gegen die rassistischen Verfolgungen beurlauben. Das Preußische Kultusministerium forderte ihn am 18. Mai auf, seiner Dienstverpflichtung nachzukommen, und Reinhardt nahm sein Amt wieder auf. 1942 wurde er entlassen. Ab 1946 lehrte er wieder in Frankfurt.[87]

Eine Fehleinschätzung Vasmers scheint die Nennung des Germanisten *Johannes Alt* (1896 - 1940?) zu sein. Er war Privatdozent der Universität München, als in Berlin das Extraordinariat für Neuere deutsche Literatur des vertriebenen Max Herrmann neu zu besetzen war. Das erhielt 1934 der Nationalsozialist Gerhard Fricke aus Göttingen. Nach dessen Weggang 1935 wurde der Nationalsozialist Franz Koch vor Paul Böckmann und Benno von Wiese als Ordinarius berufen. Es gab auch keine politischen Bedenken des Reichserziehungsministeriums gegen Alt, als er 1936 nach Würzburg berufen wurde. Vielmehr kam er (NSDAP 1937) auch wissenschaftlich der NS-Ideologie entgegen. 1937 legte er im Rahmen der Forschungsabteilung Judenfrage des Reichsinstituts für Geschichte des neuen Deutschlands einen Beitrag vor, der die „deutschsprachige jüdische Literatur" als „ausgesprochen experimentellen Ausgangspunkt" für die „wissenschaftliche Bearbeitung rassischer Fragen" empfahl. Aber 1939 wurde Alt wegen Homosexualität zu einem Jahr Gefängnis verurteilt, aus der Partei ausgeschlossen und seines Lehramts enthoben.[88]

---

86 Schramm beteiligte sich am „Kriegseinsatz der Geisteswissenschaften" und führte ab 1943 als Offizier im Oberkommando der Wehrmacht das Kriegstagebuch. Vgl. auch Grüttner, Deutsche Universitäten, 88.

87 Vgl. Heiber I, 174.

88 Vgl. Holger Dainat, „Zur Berufungspolitik in der Neueren deutschen Literaturwissenschaft 1933 - 1945", in ders., Lutz Danneberg (Hg.),

Der Altgermanist *Hermann Schneider* (1886 - 1961), seit 1921 Ordinarius der Universität Tübingen, war kein Parteigänger des Nationalsozialismus. Im Krieg 1942 Vizedirektor des von Gamillscheg geleiteten Deutschen Wissenschaftlichen Instituts in Bukarest, wurde er nach Kriegsende erster Rektor der Universität Tübingen.[89] Der Prähistoriker *Gero Merhart von Bernegg* (1886 - 1959), seit 1928 Ordinarius und Direktor des Vorgeschichtlichen Seminars der Universität Marburg, geriet 1938 in Konflikt mit dem parteiamtlich Zuständigen für Vorgeschichte im Amt Rosenberg. Nach Intervention der SS wurde er wegen „politischem Katholizismus" von seiner Professur beurlaubt und ließ sich 1942 endgültig pensionieren, obwohl sein Lehrstuhl noch immer vakant war. Ab 1946 lehrte er wieder in Marburg.[90] Der Ägyptologe *Hermann Junker* (1877 - 1962), seit 1912 Ordinarius der Universität Wien, 1925 - 35 Leiter der Feldforschung in Kairo und 1929 - 39 Direktor des dortigen Deutschen Archäologischen Instituts, war zugleich geweihter Priester. Deshalb war er 1938 an der Universität Wien nicht mehr tragbar und wurde entlassen. Ab 1948 lehrte er dort wieder als Honorarprofessor. Der herausragende Romanist *Ernst Robert Curtius* (1886 - 1956), seit 1929 Ordinarius der Universität

---

Literaturwissenschaft und Nationalsozialismus, Tübingen 2003, 55 - 86; Ralf Klausnitzer, „Umwertung der deutschen Romantik? Aspekte der literaturwissenschaftlichen Romantikrezeption im Dritten Reich", in: ebd., 185 - 214.

89 Vgl. Heiber II/2, 248; Klaus von See und Julia Zernack, Germanistik und Politik in der Zeit des Nationalsozialismus. Zwei Fallstudien: Hermann Schneider und Gustav Neckel, Heidelberg 2004, 9 - 102. Zu Schneider am DWI in Bukarest vgl. Frank-Rutger Hausmann, „Auch im Krieg schweigen die Musen nicht". Die Deutschen Wissenschaftlichen Institute im Zweiten Weltkrieg, 2. durchges. Aufl., Göttingen 2002, 61f. und 84f.

90 Vgl. Claudia Theune, „Gero von Merhart und die archäologische Forschung zur vorrömischen Eisenzeit", in: Heiko Steuer (Hg.), Eine hervorragend nationale Wissenschaft. Deutsche Prähistoriker zwischen 1900 und 1995, Berlin/New York 2001, 151 - 172.

Bonn, stand bei allen Berufungsverhandlungen zur Debatte, war aber bekannt als scharfer Kritiker des Nationalsozialismus und seines „sturen völkischen Getues" („Deutscher Geist in Gefahr", 1932). Auf die Stelle des 1937 emeritierten Berliner Ordinarius für französische Literatur, Eduard Wechßler, berief das Reichserziehungsministerium 1938 den Nationalsozialisten Emil Winkler und nach dessen Tod 1943 den Literarhistoriker Friedrich Neubert. Er leitete dann den „Kriegseinsatz" der Romanisten, dem Curtius sich verweigerte.[91] Der Kunsthistoriker *Hans Jantzen* (1881 - 1967), 1933 - 35 Ordinarius in Frankfurt am Main, danach in München, gehörte keiner NS-Institution an.[92] Gegen Jantzens Berufung nach Berlin sprachen aber nicht in erster Linie politische Gründe, wie Vasmer meint. Er war Teilfigur jenes Ringtauschs 1935, in dem Albert Brinckmann (Bl. 16) mit seinem Forschungsschwerpunkt zur Kunst Italiens und Frankreichs von Berlin an das wesentlich kleinere Institut nach Frankfurt versetzt wurde, Jantzen aus Frankfurt nach München und Wilhelm Pinder mit seinem Forschungsgebiet „Die deutsche Kunst der Dürerzeit" (1940) aus München nach Berlin in die neue Hauptstadt der „Bewegung" und ihrer Kunstvorhaben. Der Bonner Orientalist und Theologe *Paul Ernst Kahle* (1875 - 1964) hatte das Orientalische Seminar ab 1923 mit Hilfe von Kultusminister Carl Heinrich Becker, seinem Amtsvorgänger in Bonn, zu einem international angesehenen Forschungs- und Lehrzentrum ausgebaut. 1935

91 Vgl. Frank-Rutger Hausmann, „Vom Strudel der Ereignisse verschlungen." Deutsche Romanistik im „Dritten Reich", 2., durchgesehene und aktualisierte Aufl., Frankfurt a. M. 2008, 133 - 135.

92 Vgl. aber zu Jantzens Abhandlung über den kunsthistorischen Raumbegriff 1938 Jutta Held, „Leitkategorien in der Kunstgeschichte während des NS: Raumkonzeptionen", in Georg Bollenbeck, Clemens Knobloch (Hg.), Resonanzkonstellationen: Die illusionäre Autonomie der Kulturwissenschaften, Heidelberg 2004, 181 - 191. Am „Kriegseinsatz der Geisteswissenschaften" nahm Jantzen teil mit einem Projekt zur „Ottonischen Kunst".

sollte Kahle „als Gründungsdirektor eines großen Orient-Instituts nach Berlin berufen werden“, lehnte aber ab, da ihm „die geplante Unterstellung unter das ‚Amt Rosenberg' suspekt war.“[93] Seine Frau und die Söhne halfen nach der Reichspogromnacht 1938 jüdischen Bekannten bei Aufräumarbeiten. Daraufhin wurde Kahle vom Dienst suspendiert und folgte im Frühjahr 1939 mit den Söhnen seiner vor der Gestapo nach England geflohenen Frau. Dort hielt er Gastvorlesungen. Im Mai wurde er von der Universität Bonn unter Verlust aller Versorgungsansprüche entlassen, 1941 die ganze Familie ausgebürgert.[94] *Heinrich Felix Schmid* (1896 - 1963) hatte nach einem Theologiestudium sein Studium der Slavistik und Geschichte 1922 in Leipzig mit einer Promotion bei Vasmer abgeschlossen. Danach war er Assistent des Berliner Rechtshistorikers Ulrich Stutz (mit zusätzlicher Promotion in Kirchen- und Rechtsgeschichte Osteuropas), 1923 Extraordinarius und 1928 Ordinarius für slavische Philologie in Graz. Im Dezember 1932 setzten Vasmer und Hoetzsch ihn auf Platz 1 der Berufungsliste für eine vom Ministerium geplante „Professur für polnische Geschichte“ an der Universität Berlin. Für Otto Hintze war Schmid allerdings zu wenig Historiker und hatte zu wenig „politischen Nerv“. Auf Platz 2 und 3 standen Joseph Pfitzner (Prag) und Wolfgang Recke (Danzig). Im Januar 1933 änderte die Fakultät die Denomination der Professur: Forschungsgebiet sollte jetzt die „westslavische Geschichte“ der Oder- und Elbslaven im Kontext der polnischen Geschichte sein, mit Schwerpunkt auf Siedlungsgeschichte im Mittelalter und Neuerer Geschichte. Als gleichrangige Kandidaten schlug die Fakultät Schmid und Recke vor, hatte aber Schmid gegenüber Bedenken, ob sein „kritischer Sinn und Augenmass gegen-

93 Vgl. das „Nachwort“ von Wilhelm Bleek in: Marie Kahle, Was hätten Sie getan, 161.

94 Ebd., 162 - 164, und Ekkehard Ellinger, Deutsche Orientalistik zur Zeit des Nationalsozialismus 1933 - 1945, Edingen-Neckarhausen 2006 (Phil. Diss. FU Berlin 2003), 66 - 68, 152 - 156, 209 - 211.

über dem Polentum sicher genug sein würden, auf diesem schwierigen Gebiet der Nationalitätengegensätze immer die richtige Linie festzuhalten". Zwar habe er Recht, „dass die deutsche Geschichtswissenschaft zu sehr ohne Kenntnis der polnischen arbeite", aber er hebe zu sehr die polnischen Leistungen heraus.[95] Unter dem NS-Kultusminister kam die Professur nicht mehr zustande und in Graz wurde Schmid 1938 aus politischen Gründen entlassen. Nach dem Kriegsdienst 1939 - 45 lehrte er dort wieder und ab 1947 in Wien.

Neben diese aus politischen Gründen vom Reichserziehungsministerium verhinderten Berufungen stellt Vasmer politisch bedingte Ernennungen „gegen den Willen der Fakultät" (Bl. 18). Der Pädagoge *Alfred Baeumler* (1887 - 1968), seit 1929 Ordinarius der TH Dresden, rief 1932 öffentlich zur Wahl der NSDAP auf, der er 1933 beitrat. Im selben Jahr wurde er ohne Beteiligung der Fakultät zum Ordinarius der Universität Berlin ernannt und war bis 1945 Direktor des Instituts für politische Pädagogik.[96] Der Rostocker Historiker *Wilhelm Schüßler* (1888 - 1965) wirkte ab 1934 am Herder-Institut in Riga und wurde in Anerkennung seines „Volkstumskampfes" 1936 zum Ordinarius der Universität Berlin ernannt.[97] Der Prähistoriker *Hans Reinerth* (1900 - 1990), seit 1925 Privatdozent der Universität Tübingen, trat 1931 der NSDAP bei und wurde Mitglied im Kampfbund für deutsche Kultur. Wie Baeumler rief auch er 1932 öffentlich zur Wahl Hitlers auf. 1933 wurde Reinerth Bundesführer des Reichsbundes für Deutsche Vorgeschichte. 1934 vom Reichserziehungsministerium

---

95 UA HU, Phil. Fak., Nr. 1437, Bl. 16 - 33.

96 Zur weiteren NS-Karriere Baeumlers vgl. Klee, 24f.; Grüttner, Lexikon, 18. Nach seiner Internierung 1945 - 48 war Baeumler nur noch als Privatgelehrter tätig.

97 Er veröffentlichte 1940 in der Schriftenreihe des Reichsinstituts für Geschichte des neuen Deutschlands „Deutschland zwischen Rußland und England. Studien zur Außenpolitik des Bismarckschen Reiches". Vgl. Klee, 563.

zum Ordinarius der Universität Berlin ernannt, leitete er auch die Abteilung „Vor- und Frühgeschichte“ der von der DFG gegründeten „Reichsgemeinschaft der Deutschen Volksforschung“. Er gab die Zeitschriften „Germanen-Erbe“ und „Mannus. Zeitschrift für Deutsche Vorgeschichte“ heraus. Ab 1941 war er als Leiter des Sonderstabs Vorgeschichte im Einsatzstab von Reichsleiter Rosenberg führend am Raub prähistorischer und archäologischer Sammlungen in der Sowjetunion beteiligt.[98] Der Mediziner *Otto Nerz* (1892 - 1949) war 1930 erster hauptamtlicher Reichstrainer des Deutschen Fußballbundes und wurde 1938 als Direktor des sportpraktischen Instituts der Reichsakademie für Leibesübungen auch zum Extraordinarius für Pädagogik der Leibesübungen an der Universität Berlin ernannt. Das politische Konzept „deutscher Leibeserziehung“ hatte Alfred Baeumler 1934/37 mit seinem Werk „Sport und Staat“ vorgelegt. Nach Kriegsende von den sowjetischen Besatzern interniert, starb Nerz 1949 im Lager Sachsenhausen. *Oskar Ritter von Niedermayer* (1885 - 1948), Generalmajor und Geopolitiker (NSDAP 1933), habilitierte sich 1933 über „Wachstum und Wanderung im russischen Volkskörper“. 1933 erhielt er die Lehrbefugnis, 1936 ein Ordinariat für Wehrgeographie an der Berliner Universität, wo er das neu etablierte Institut für Allgemeine Wehrlehre leitete. 1937 gründete er mit Willy Hoppe (Bl. 8) das volkstumspolitische Institut für Heimatforschung der Universität Berlin in Schneidemühl (heute Piła), an dem Vasmers an der Akademie nicht weiterbeschäftigter Habilitand Paul Wirth 1939 als Lektor unterkam. Niedermayer gehörte 1939 zum Beirat der Forschungsabteilung Judenfrage im Reichsinstitut für Geschichte des neuen Deutschlands. 1945 kam er in sowjetische Gefangenschaft und starb 1948 in Wladimir.[99] Der Militärhistoriker

98 Vgl. Klee, 488; Grüttner, Lexikon, 136f.; Achim Leube, „Die Ur- und Frühgeschichte an der Friedrich-Wilhelms-Universität zu Berlin“, in: Rüdiger vom Bruch (Hg.), Die Berliner Universität in der NS-Zeit. Bd. II: Fachbereiche und Fakultäten, Stuttgart 2005, 149 - 163.

99 Vgl. Klee, 434f.; Hans-Ulrich Seidt, Berlin, Kabul, Moskau. Oskar

Walter Elze (1891-?) habilitierte sich in Berlin und erhielt 1931 einen Lehrauftrag für Kriegsgeschichte. 1932 wurde er zum Direktor der neu geschaffenen Abteilung für Kriegsgeschichte am Historischen Seminar ernannt, die zunächst das Reichswehrministerium, ab 1939 das Reichserziehungsministerium finanzierte. Dieses ernannte ihn nach seinem Parteieintritt im Mai 1933 dann im November zum persönlichen Professor für Kriegsgeschichte und Mitdirektor des Historischen Seminars.[100] Der Amerikanist *Friedrich Schönemann* (1886 - 1956) hatte neun Jahre lang an amerikanischen Universitäten Deutsch gelehrt, bevor er 1921 nach seiner Marburger germanistischen Promotion die Programmschrift „Amerikakunde: eine zeitgemäße Forderung" mit Bezug auf Deutschlands Niederlage im Ersten Weltkrieg veröffentlichte. 1921 - 26 Lektor an der Universität Münster, habilitierte er sich 1923. 1926 erhielt er einen Lehrauftrag, 1930 ein Extraordinariat für Kulturkunde Nordamerikas an der Berliner Universität. Zugleich war er Dozent an der Deutschen Hochschule für Politik in Berlin (NSDAP Mai 1933). 1936 wurde er zum deutschlandweit ersten Ordinarius für Amerikanistik ernannt. Ab 1940 leitete Schönemann die Nordamerika-Abteilung der Auslandswissenschaftlichen Fakultät. 1945 wurde er entlassen.[101] Der Landeshistoriker *Willy Hoppe* (1884 - 1960), seit 1924 habilitiert (NSDAP 1932), wurde 1935 zum Honorarprofessor und 1937 zum Ordinarius der Berliner Universität ernannt (s. Bl. 8, 11). Der Keltologe *Ludwig Mühlhausen* (1888 - 1956), seit 1922 Dozent der Universität Hamburg und 1928 Honorarprofessor, trat 1932 der NSDAP bei und rief öffentlich zur Wahl Hitlers auf. 1935 war er SA-Ortsgruppenführer und 1935/36

Ritter von Niedermayer und Deutschlands Geopolitik, München 2002.

100 Vgl. Betker, Das Historische Seminar der Berliner Universität, 78 - 80.

101 Zu Schönemanns Amerikakunde differenziert Walter Grünzweig, „Mass Culture and Mass Delusion: A Version of America in the Third Reich", in: North Dakota Quaterly 60/1992, 130 - 146.

Dozentenbundführer der Universität Hamburg. 1936 ernannte ihn das Reichserziehungsministerium zum Ordinarius der Berliner Universität in der Nachfolge des entlassenen Pokorny. Mühlhausen vollzog programmatisch den Wandel zur NS-Forschung in seinem Fach. 1942 - 45 leitete er die Abteilung für keltische Volksforschung im SS-Ahnenerbe (1943 SS-Untersturmführer).[102] Der Baltist *Georg Gerullis* (1888 - 1945), 1919 an der Universität Königsberg habilitiert, wurde Leiter des Litauischen Seminars an der Theologischen Fakultät ebenda und 1922 - 33 ao. Professor in Leipzig (NSDAP 1931, SA 1932 - 33). 1932 rief er öffentlich zur Wahl der NSDAP auf. Im März 1933 war er Vorsitzender des „Nationalen Ausschusses für Erneuerung der Universität Leipzig". Von April bis November leitete er die Hochschulabteilung des Preußischen Kultusministeriums. 1934 wurde er Ordinarius der Universität Königsberg und 1935 deren Rektor. Gauleiter Koch und die NS-Dozentenschaft erreichten jedoch 1936 seinen Rücktritt. 1937 kam Gerullis als Kurator des Ukrainischen Wissenschaftlichen Instituts nach Berlin und wurde vom Reichserziehungsministerium zum Ordinarius für Baltische Philologie an der Berliner Universität ernannt. Der Osteuropahistoriker *Hans Übersberger* (1877 - 1962), 1915 - 34 Ordinarius in Wien (NSDAP März 1933), wurde 1934 dort entlassen und nahm einen Ruf nach Breslau an. 1935 ernannte ihn das Reichserziehungsministerium zum Ordinarius der Universität Berlin in der Nachfolge des entlassenen Hoetzsch. *Walther M. Schering* (1883 - 1954, NSDAP 1933) habilitierte sich 1934 an der Universität Berlin in Philosophie mit besonderer Berücksichtigung der Kriegspsychologie. 1938 wurde er zum Extraordinarius für Wehrpsychologie ernannt, war 1942 - 45 stellvertretender Dozentenbundführer der Universität und ab 1943 Ordinarius für Soziologie und Philosophie.[103]

102 Vgl. Joachim Lerchenmüller, Keltischer Sprengstoff, 142 - 148.
103 Vgl. Klee, 532; Grüttner, Lexikon, 147.

Die Mehrzahl dieser Ernennungen im Bereich ‚angewandter', auf die politische Praxis orientierter Geisteswissenschaften fiel in die Zeit vor 1937: politische Pädagogik und Kriegsgeschichte 1933, Prähistorie 1934, Osteuropa- und Landesgeschichte 1935, Keltologie, Geschichte (Schüßler) und Wehrgeographie 1936; 1937 nur noch Baltistik, 1938 Wehrsport und Wehrpsychologie. Geisteswissenschaften waren für die neuen Machthaber dann nicht irrelevant, wenn sie sich politischen Zwecken öffneten. Aber von der jeweiligen Gesamtdisziplin aus gesehen waren diese 1933 - 38 neu etablierten, auf die politische Praxis des Nationalsozialismus ausgelegten Fachbereiche peripher („unnötige Ordinariate") und bisweilen auch in universitätsexternen Instituten angesiedelt (Wehrgeographie in Schneidemühl). Es handelt sich hier also nicht um einen disziplinären Ablösungsprozeß, sondern um eine zeitweilige, rivalisierende Doppelung. Einem überzeitlich autonomen Begriff von Geisteswissenschaft stand ein Wirkungsbegriff derselben gegenüber, bezogen auf eine Nation, einen geopolitischen Raum und ein Expertentum, das sich weltanschaulich bekannte.[104] Erst ab 1937 gewann die Fakultät bzw. das Argument fachwissenschaftlicher Eignung wieder größeres Gewicht bei Berufungen, da mit dem kriegsvorbereitenden Vierjahresplan von 1936 weniger ideologisches Bekenntnis, als praktisch verwertbares, also auch fundiertes Fachwissen gefragt war.[105]

Die Einsetzung zuverlässiger Nationalsozialisten durch das Reichserziehungsministerium in den Anfangsjahren 1933 - 1936 schuf Vasmer zufolge „eine gefügige Mehrheit" in den Fakultäten (Bl. 19). Doch scheint sich dort bis auf die Proteste Einzelner –

---

104 Vgl. Rüdiger Stutz, „Wissenschaftsverständnis zwischen Expertentum und Ideologie", Vortrag über den Jenaer Soziologentag 1934 auf der Konferenz „Gebrochene Wissenschaftskulturen", Jena 06.06.2008, und den Diskussionsbeitrag von Frank-Rutger Hausmann dazu.

105 Ebenso Grüttner, Deutsche Universitäten, 86, und Dainat, Berufungspolitik, 80, 84.

wie Spranger, Max Herrmann und Wolfgang Köhler von der Philosophischen Fakultät 1933 – auch kaum Widerstand gegen die Politik des NS-Kultusministeriums und seine politisch präferierten Kandidaten geregt zu haben. Die universitären Institutionen spielten ihre Macht nach vollzogener Gleichschaltung nicht mehr aus. Doch die Autonomie des Einzelforschers blieb auch im Nationalsozialismus bestehen, wie die von Vasmer angeführten Beispiele zeigen.

Immerhin gelang es der Philosophischen Fakultät aber, eine Reihe unqualifizierter, politisch begründeter Berufungen zu verhindern oder zu verzögern (Bl. 20). Der „Geistesurgeschichtler" *Herman Wirth* (1885 - 1981, NSDAP 1924/34) hatte 1932 in Bad Doberan die „Studiengesellschaft für Geistesurgeschichte Deutsches Ahnenerbe" gegründet und war seit 1933 Titularprofessor der Universität Berlin. 1935 wurde er Präsident des SS-Ahnenerbes, war aber wissenschaftlich unhaltbar und wurde 1938 aus dem Amt verdrängt.[106] Der völkisch-nationalsozialistische Polonist *Kurt Lück* (1900 - 1942), 1925 in Breslau über „Die Bauern im polnischen Roman des 19. Jahrhunderts" promoviert, arbeitete ab 1934 für die Nord- und Ostdeutsche Forschungsgemeinschaft („Deutsche Aufbaukräfte in der Entwicklung Polens", Plauen 1934). Für die Nachfolge von Hoetzsch 1935 konnte Lück noch nicht zur Debatte stehen, da er erst Ende der 30er Jahre Habilitationsstipendiat der DFG wurde. Ab 1938 beobachtete er polnische Publikationen für das Reichspropagandaministerium und leitete nach Kriegsbeginn die Volksdeutsche Bücherei in Posen („Deutsche Gestalter und Ordner im Osten", Posen 1940). Seit Ende des Jahres 1940 war er dann für die SS-Umsiedlungsbehörde im Generalgouvernement tätig (1940 SS-Obersturmbannführer,

---

106 Vgl. Michael H. Kater, Das „Ahnenerbe" der SS 1935 - 1945. Ein Beitrag zur Kulturpolitik des Dritten Reiches, 2. erg. Aufl., München 1997; Klaus von See und Julia Zernack, 127 - 129.

NSDAP 1941).[107] Der Experte für „Rassenseelenkunde", *Oswald Kroh* (1887 - 1955), 1923 - 1938 Ordinarius in Tübingen (NSDAP 1933, SS-Fördermitglied 1934 - 38), publizierte 1934 „Völkische Anthropologie als Grundlage deutscher Erziehung". Ab 1936 hielt er „Übungen zur Rassenseelenkunde", wurde 1938 nach München berufen und 1942 schließlich doch nach Berlin, nach mehrjährigem Widerstand der Fakultät (Bl. 20).[108] Ab 1940 war er kommissarischer Vorsitzender der Deutschen Gesellschaft für Psychologie und Leiter des „Kriegseinsatzes" seines Faches.[109] Den Vertreter „deutscher Volkskunde" *Karl von Spieß* (1880-?) konnte trotz seines völkischen Kampfgeistes („Deutsche Volkskunde als politische Wissenschaft", Berlin 1938) selbst ein NS-Volkskundler wie Eugen Fehrle nicht für einen Lehrstuhl in Berlin empfehlen. Die Fakultät erreichte 1936 die Berufung *Adolf Spamers* (1883 - 1953), der eine konsequent wissenschaftliche Ausrichtung seines Faches im Nationalsozialismus verteidigte. 1938 zum Mitglied der Preußischen Akademie der Wissenschaften gewählt, wurde Spamer vom Reichserziehungsministerium nicht bestätigt.[110] Als Nachfolger für den 1935 verstorbenen Indogermanisten Wilhelm Schulze, auf den Vasmer die Gedächtnisrede in der Akademie hielt, setzte die Fakultät 1943 den Breslauer *Franz Specht* (1888 - 1949) durch, der auch baltische Sprachforschung in Litauen betrieben

---

107 Vgl. Michael Burleigh, Germany Turns Eastwards. A Study of Ostforschung in the Third Reich, Cambridge etc. 1988, 103ff., 179ff., 236.

108 Vgl. Höppner, 97f.

109 1945 zunächst entlassen, war Kroh 1949 - 55 Ordinarius der FU Berlin, vgl. Klee, 342f.

110 Zu von Spieß noch sehr vorläufig Leonore Scholze-Irrlitz, „Universitätsvolkskunde im Nationalsozialismus. Skizzen zur Fachetablierung und Öffentlichkeitsarbeit in Berlin", in Rüdiger vom Bruch (Hg.), Die Berliner Universität in der NS-Zeit. Band II: Fachbereiche und Fakultäten, Stuttgart 2005, 133 - 148, hier 139f. Zu Spamer vgl. Christoph König, Internationales Germanistenlexikon 1800 - 1950, Bd. 1 - 3, Berlin/New York 2003, Bd. 3, 1761 - 1763.

hatte.[111] Damit verhinderte sie den Heidelberger Indogermanisten *Hermann Güntert* (1886 - 1948), der früh eine völkisch-nationalsozialistische Ausrichtung seines Faches betrieben hatte. Als Dekan 1933 - 37 wirkte er aktiv an der Nazifizierung der Universität Heidelberg mit. Bei der Diskussion um die Nachfolge für den 1940 verstorbenen Nordisten Gustav Neckel entschied sich die Fakultät gegen den österreichischen Altgermanisten *Otto Höfler* (1901 - 1987). Seit 1934 Ordinarius in Wien, wurde er 1936 Beiratsmitglied des Reichsinstituts für Geschichte des neuen Deutschlands (NSDAP 1937), 1938 Vertrauensmann des SS-Ahnenerbes in Österreich und 1938 mit Unterstützung der SS Ordinarius in München. Im Krieg war er 1943 Referent an der „Junker-Schule" der Waffen-SS in Bad Tölz und 1943 - 44 Leiter des Deutschen Wissenschaftlichen Instituts in Kopenhagen.[112] Der Altgermanist und Nordist *Hans Kuhn* (1899 - 1988) dagegen, seit 1934 Dozent an der Universität Köln, hatte Neckel bereits 1936 vertreten, als dieser mit seinem Lehrstuhl 1935 - 37 nach Göttingen versetzt worden war. Nach Neckels Rückkehr in sein Berliner Amt ging Kuhn wieder nach Köln (NSDAP 1937) und erhielt 1938 ein Extraordinariat in Leipzig. 1941 wurde er Neckels Nachfolger in Berlin. Vasmer schätzte Hans Kuhn auch als Mitunterstützer verfolgter Kollegen wie des Osloer Sprachforschers Seip (s. Bl. 23, 25, 31).[113] *Hans Werner Pyritz* (1905 - 1958), seit 1934 Lehrbeauftragter für Altgermanistik an der Universität Berlin und Mitarbeiter am „Deutschen Wörterbuch" der Akademie, habilitierte sich 1940 (SA 1933 - 37, NSDAP 1941) und erhielt 1942 den Berliner Lehrstuhl des verstorbenen Julius Petersen für Neuere deutsche Literaturgeschichte.[114]

---

111 Vgl. Klee, 590.

112 Zu Höflers Nachkriegskarriere an den Universitäten München und Wien vgl. König, Bd. 1, 763 - 766.

113 Vgl. König, Bd. 2, 1032f.; Höppner, 96.

114 Vgl. König, Bd. 2, 1445 - 1447; Höppner, 97f.; Christa Hempel-Küter, Germanistik zwischen 1925 und 1955. Studien zur Welt der Wissenschaft am Beispiel von Hans Pyritz (Literaturforschung),

Als einzeln erkämpfte Erfolge der Fakultät wertet Vasmer auch die Habilitierung politisch unerwünschter Nachwuchswissenschaftler wie des Osteuropahistorikers *Werner Philipp* 1939 bei Übersberger (s. Bl. 14). Die Slavistin *Margarete Woltner* (1897 - 1985), 1923 bei Vasmer in Leipzig promoviert, wurde in Berlin zunächst seine Hilfskraft, 1926 dann apl. Assistentin. Als sie nach Aufbau der Bibliothek, Redaktion der Zeitschrift und zweier großer Publikationsreihen am Institut sowie eigener Lehre seit 1930 noch keine weiterqualifizierende Arbeit vorzuweisen hatte, verweigerte die NS-Dozentenschaft der „politisch farblosen" Mitarbeiterin 1935 eine Verlängerung ihrer Stelle. Mit Hilfe eines Außengutachtens vom „Handwörterbuch des Grenz- und Auslandsdeutschtums", für das Woltner 1930 die Teilredaktion „Rußland" übernommen hatte, konnte ihre Entlassung abgewendet werden. 1937 habilitierte sie sich, erhielt aber als nicht „tätige Nationalsozialistin" keine Dozentur, sondern nur „mit Bedenken" eine Weiterbeschäftigung als apl. Assistentin. Da Vasmer 1938/39 als Gastprofessor an die Columbia University nach New York ging, setzte er im März 1938 gegen Dekan Breloer und NS-Dozentenbundführer Landt über das Reichserziehungsministerium die „ausnahmsweise" Bewilligung einer Vertretungsdozentur für Woltner durch. Nach seiner Rückkehr im Februar 1939 drohte Woltner die Entlassung. Erst als sie ein Lektorat im Amt Rosenberg übernahm, waren Dekan und NS-Dozentenschaft bereit, ihr im April 1939 die Venia legendi zu erteilen. Aber man bezahlte sie bis 1943 als apl. Assistentin.[115]

Der Indogermanist *Wilhelm Wissmann* (1899 - 1966), Schüler von Wilhelm Schulze und Arthur Hübner und seit 1930 Mitarbeiter

---

Berlin 2000.

115 Zu Woltners Publikationen und institutionellen Einlassungen ab 1941 vgl. Marie-Luise Bott, „Dozentin trotz Reichshabilitationsordnung. Die Berliner Slavistin Margarete Woltner in den Jahren 1925 - 1950", in: Jiřina van Leeuwen-Turnovcová u. a. (Hg.), Gender-Forschung in der Slawistik, Wien 2002 (Wiener Slawistischer Almanach, Sonderband 55), 419 - 440.

an der Berliner Arbeitsstelle des „Deutschen Wörterbuchs", habilitierte sich 1938 bei Julius Schwietering. Da er keiner NS-Organisation angehörte, lehnte der NS-Dozentenbund eine Dozentur für ihn ab. Dennoch erhielt er sie 1938, wurde aber der Universität Halle zugewiesen. 1940 war Wissmann Dozent in Freiburg und kam 1942 auf ein Extraordinariat nach Königsberg. Nach Kriegsende lehrte er in Berlin, wurde 1949 Akademie-Mitglied und nahm 1953 einen Ruf nach München an.[116] Der Germanist *Ulrich Pretzel* (1898 - 1981, NS-Dozentenbund 1937) habilitierte sich 1938 bei Franz Koch und Julius Petersen. Vasmer war an der mündlichen Prüfung beteiligt.[117] Erst 1941 erteilte Dekan Grapow dem Schwager von Wissmann und Bruder des 1938 nach England emigrierten Publizisten Sebastian Haffner angesichts der „Nachwuchsnot"[118] eine Dozentur für „Deutsche Sprache und ältere deutsche Literatur". Aber Pretzel, Spezialist für deutsche Versgeschichte und seit 1929 Mitarbeiter am „Deutschen Wörterbuch" der Akademie, empfand die Beschränkung seines Lehrauftrags auf das Mittelalter, während Koch die Zeit von Goethe bis zur Gegenwart für sich allein beanspruchte, als „gegen seine Ehre" gerichtet. In einem Gespräch mit dem Dekan verlangte Pretzel die Facultas „für das ganze Gebiet der Germanistik". Als Grapow daraufhin keine Dozentur für ihn beim Reichserziehungsministerium beantragen wollte, entschuldigte sich Pretzel und erhielt doch noch die Venia.[119] Nach dem Krieg übernahm er 1945 eine Lehrstuhlvertretung an der Universität Hamburg und 1947 ein Ordinariat ebenda.[120] Der Altgermanist *Werner Simon* (1900 - 1973), 1931 - 46 hauptamtlicher Mitarbeiter

116 Vgl. König, Bd. 3, 2044 - 2046.

117 UA HU, PA Ulrich Pretzel: Nr. 168, Bl. 13.

118 So die Argumentation von Mühlhausen, ebd., Bl. 39.

119 Ebd., Bl. 41: Dekan Grapow an Habilitationskommission Ulrich Pretzel, 01.07.1941. Dennoch kam es zu Konflikten mit Koch, siehe Bl. 53: Pretzel an Dekan, 31.05.1942.

120 Vgl. König, Bd. 2, 1426 - 1428.

am „Deutschen Wörterbuch" der Akademie und kein Mitglied einer NS-Organisation, promovierte erst 1943 bei Julius Schwietering und habilitierte sich gar nicht.[121] Dem Slavisten *Paul Wirth* (1906 - 1946) dagegen gelang die Habilitation 1941. Seit seiner Promotion bei Vasmer 1931 arbeitete Wirth, finanziert von DFG (1931 - 34) und Akademie (1935 - 38), an einem sorbischen Sprachatlas (Leipzig 1933 - 36) und einem sorbischen Wörterbuch. Da aber Forschungen über slavische Minderheiten in Deutschland ab 1939 verboten waren (s. Bl. 22), fand sich kaum noch eine Finanzierung für Wirth. Zudem galt er als SPD-nah und Tschechenfreund.[122] Er arbeitete als Volksschullehrer in Kleinmachnow (NSDAP 1937). Im Februar 1939 ging er als Lektor für Russisch und Polnisch an das Institut für Heimatforschung der Universität Berlin in Schneidemühl (s. Bl. 18). Sein Habilitationsvorhaben über Ernst Groddeck (1762 - 1826), den deutschen Altphilologen der Universität Wilna, und dessen Bedeutung für den polnischen Dichter Adam Mickiewicz befürwortete Vasmer in einem Schreiben an den Dekan im März 1939, indem er die Erforschung des deutschen Kultureinflusses akzentuierte.[123] Wirth reichte die Arbeit im Oktober 1940 ein und habilitierte sich im Januar 1941. Erst im April 1942 erhielt er die Dozentur. Er wurde zum Wehrdienst

121 Vgl. König, Bd. 3, 1739f. W. Simon hielt nach der Promotion 1944 - 45 Übungen unter Anleitung von Schwietering an der Universität. 1946 zum Professor mit vollem Lehrauftrag an der Universität Berlin ernannt, war er ab 1955 ao. Professor und 1962 - 68 Ordinarius an der Universität Hamburg.

122 Vasmer legt seinem Brief an P. Wirths Bruder, Pfarrer Gerhard Wirth in Bautzen, am 23.02.1947 die Abschrift eines Berichts des Polizeipräsidiums Leipzig vom 31.08.1936 bei: „Bei Pfarrer Wehser" aus Göda bei Bautzen ging ein beigelegter, von Paul Wirth unterzeichneter Fragebogen ein. Wehser äußerte sich über Wirth: „Er war verdächtig, mit den Tschechen zusammenzuhalten und wohl auch früher Mitglied der SPD gewesen zu sein. Nach dem Umbruch ist er aus seinem Amte als Lehrer entlassen worden" (AAW, NL Vasmer).

123 UA HU, NS-Dozentenschaft Z/B 2 1861, Akte 22, Ka.50: Paul Wirth.

eingezogen und starb 1946 in sowjetischer Gefangenschaft.[124] Die Indogermanistin *Ursula Feyer* (1901 - 1989) absolvierte ihr Studium 1929 bei Wilhelm Schulze, neben Nordistik (Neckel), Sanskrit (Lüders) und Slavistik (Vasmer). Bis 1933 arbeitete sie an der Deutschen Kommission der Akademie und nach Schulzes Tod 1935 als wissenschaftliche Hilfskraft am Institut für Lautforschung der Universität bei Diedrich Westermann. Im Dezember 1937 lehnte die NS-Dozentenschaft eine Weiterbeschäftigung ab. Ihre Hilfskraftstelle am Institut für Lautforschung sei im Grunde eine „getarnte Assistentenstelle", denn Feyer leite Anfängerkurse und werde seit 1937 auch besser besoldet. Sie erschien aber der NS-Dozentenschaft „nicht geeignet (...), die Studenten im nationalen Sinne zu beeinflussen."[125] Der Anglistik-Dozent Kurt Ketterer gutachtete für die NS-Dozentenschaft, Feyer besitze keine „wissenschaftliche Leistungsfähigkeit", insbesondere dürfte „eine Aussicht auf Habilitation und produktive Forschungstätigkeit nicht bestehen".[126] Im Januar 1938 legte Westermann dem Kurator gegenteilige Gutachten von Schwyzer und Vasmer über die wissenschaftliche Eignung Feyers vor, deren Weiterbeschäftigung der Rektor bereits im Mai 1937 genehmigt hatte.[127] Nach einem Gespräch mit Westermann stimmte NS-Dozentenbundführer Landt einer Anstellung Feyers als „technische Hilfskraft" zu; als solche unterlag sie nicht den Bestimmungen für wissenschaftliche Assistenten.[128] Im Mai 1938 reichte sie ihre Dissertation bei

---

124 UA HU, PA Paul Wirth, Nr. 231.

125 UA HU, NS-Dozentenschaft, Z/B II 1983, Akte 3: Ursula Feyer; Dr. Steinbeck an Reese, 04.12.1937.

126 Ebd., Dr. Kurt Ketterer an NS-Dozentenbund, 22.12.1937.

127 Ebd., Westermann an Kurator, 16.01.1938, mit Gutachten von Vasmer und Schwyzer vom 13. und 14.01.1938. Vasmer schrieb offen: „Unterzeichneter hat aber den Eindruck, dass eine frühere am Lautinstitut mit geringem Erfolg tätige Kraft ein Interesse daran hat, den jetzigen, für die Wissenschaft erfreulichen Zustand an diesem Institut zu stören."

128 Ebd., Landt an Rektor, 27.01.1938.

Schwyzer und Westermann ein. Bis dahin gehörte Feyer keiner NS-Organisation an. Da sie sich habilitieren wollte, trat sie auf Druck des NS-Dozentenführers dem Deutschen Frauenwerk bei.[129] Die mündliche Promotionsprüfung – im 2. Hauptfach bei Vasmer – fand erst im Januar 1940 statt.[130] Und erst im August 1941 rückte Feyer auf eine angemessen besoldete Assistentenstelle auf. 1947 erhielt sie eine Wahrnehmungsdozentur für allgemeine Phonetik an der Berliner Universität. 1952 wurde sie zur Professorin der Humboldt-Universität ernannt, wo sie bis 1961 lehrte.[131]

Gleichsam als Satyrspiel fügt Vasmer an, welch jahrelangen Aufwand das Abwenden einer Promotion über die Herkunft des Runenalphabets der Wuppertaler Studienrätin *Emma Behrens* bei Gustav Neckel kostete (Bl. 20). Behrens, geb. 1879[132], hatte 1930 an der Universität Köln eine Staatsexamensarbeit über deutsche Runendenkmäler vorgelegt, aus der sie 1931 bei Friedrich von der Leyen eine Dissertation machen wollte. Der lehnte 1932 jedoch ab. Daraufhin wandte sich Behrens, Mitglied des NS-Lehrerbundes, an Neckel in Berlin. Dieser hatte sich in der Diskussion über den Ursprung der Runenschrift in den 30er Jahren der wissenschaftlich unhaltbaren, in Laienkreisen aber populären, ideologisierten Theorie eines „Uralphabets" indogermanisch-nordeuropäischer Herkunft von Herman Wirth

129 UA HU, PA Dr. Ursula Feyer: F 194, Bl. 11; ihre „Erklärung" Bl. 24 läßt erkennen, daß man sie ähnlich wie M. Woltner als Frau und Nicht-Parteimitglied aus der Universität drängen wollte. Nur der Einsatz von Westermann, für den ihre Mitarbeit unverzichtbar war, und seiner Kollegen verhinderte das. Ab 1943 konnte sich Feyer nur mit „großer Mühe" von einem Einsatz als Rednerin oder wiss. Mitarbeiterin der NS-Frauenschaft fernhalten, indem sie den Parteieintritt verweigerte.

130 UA HU, Phil. Fak. P, Nr. 4, Bd. 695: Promotionen Dr. phil., 16.01.1940, B-F, Bl. 232 - 244.

131 Vgl. den Nachruf in Zeitschrift für Phonetik, Sprachwissenschaft und Kommunikationsforschung, H. 44/2 (1991), 268 - 270.

132 Einzige Publikation: Die Bürgerkunde im Unterricht der höheren Mädchenschule, Langensalza 1912.

angeschlossen (s. Bl. 20).[133] Unter Neckels Leitung überarbeitete Behrens ihre Schrift „Die Herkunft der Runen“ und reichte sie im Dezember 1933 an der Universität Berlin zur Promotion ein. Neckel gutachtete im Januar 1934 positiv.[134] Im Mai absolvierte Behrens die mündlichen Promotionsprüfungen bei Neckel, Petersen, Horn und Nicolai Hartmann. Aber noch während der Prüfungen wurden zusätzliche Gutachten von Arthur Hübner (Altgermanistik), Schaeder (Orientalistik) und Vasmer eingeholt, die zur Ablehnung der Dissertation von Behrens führten. Im Juni teilte ihr der Dekan mit, die Zulassung zur Promotion sei irrtümlich erfolgt, denn ihre Dissertation werde mit „ungenügend“ bewertet. Behrens brachte die Angelegenheit vor den Rektor. Im Oktober 1934 räumte die Fakultät ein, daß das Promotionsverfahren ordnungswidrig behandelt worden sei, Emma Behrens aber auch nach bestandenen mündlichen Prüfungen keinen Rechtsanspruch auf Verleihung der Doktorwürde habe. Gleichzeitig beschied das Reichserziehungsministerium, sie habe die Möglichkeit, eine der Fakultät genügende Arbeit neu einzureichen.[135]

---

133 Siehe J. Zernack in: Klaus von See und Julia Zernack, hier 129f. Die für die Fachgeschichte aufschlußreiche Promotionsangelegenheit Behrens ist ihrer Studie zu Neckel noch nicht bekannt.

134 GeStA HA I. Rep. 76 V.a. Sektion II., Tit. VI. Nr. 10, Bd. III, Bl. 22 - 28, Anlage I zum Schreiben der Philos. Fakultät vom 24.10.1934, Gutachten G. Neckel: „(...) Mit außerordentlichem Fleiß hat die Verfasserin ihre Vorstudien betrieben, das Türkische erlernt und eine weitschichtige Literatur in verschiedenen Sprachen durchgearbeitet. Ihre Ausarbeitung ist, von mir durchgesehen, nunmehr zu einer Fassung gediehen, in der sie eine wertvolle Bereicherung der für die Runenforschung in Betracht kommenden Materialien darstellt. Ich kann daher der Hohen Fakultät die Annahme dieser Dissertation mit bestem Gewissen empfehlen.“

135 Zum Vorgang Emma Behrens, Universität, REM, Reichskanzlei und NS-Propagandaministerium vgl. GeStA HA I. Rep. 76 V.a. Sektion II., Tit. VI. Nr. 10, Bd. III; hier: Schreiben der Phil. Fak. vom 24.10.1934, Bl. 22 - 28.

Im Grunde aber hatte Hübners Gutachten der Kandidatin die Befähigung zu wissenschaftlicher Arbeit abgesprochen: „Auf Schritt und Tritt hat man das Gefühl, dass die Verfasserin, von einem grossen Entdeckerglauben getragen, in souveräner Auswahl zusammenstellt, was ihr passt (aus den vielen hunderten von Keilschriftzeichen z. B. sucht sie sich ein paar heraus); dass sie aufgrund einer ganz äusserlichen Kenntnis über Dinge verfügt, deren Problematik sie gar nicht kennt, und dass sie, gewiss ganz gutgläubig, mit allen Schwierigkeiten fertig wird, weil sie sie infolge mangelnder Sachkenntnis nicht sieht. Wir können unmöglich eine Dissertation annehmen, die so offensichtlich den elementarsten Grundsätzen wissenschaftlicher Arbeit widerspricht: Kenntnis der Dinge, von denen man redet, und methodische Handhabung dieser Kenntnis."[136] Ähnlich argumentierte Schaeder. Vasmer schloß sein Gutachten: „Die Verfasserin vergrößert nur noch die Konfusion, indem sie verschiedene Alphabete ohne Rücksicht auf deren Alter sowie den Lautwert der einzelnen Zeichen mit einander vergleicht. Dazu kommt noch ein kritikloses Zitieren verschiedener phantastischer Werke über linguistische Fragen wie z. B. diejenigen von G. Karst. Mit dem verstorbenen Kurt Sethe hatte ich im Sommer Gelegenheit über diese Arbeit zu sprechen und wir stimmten in der Beurteilung vollkommen miteinander überein. Ich bin der Ansicht, daß die von unserer Fakultät verliehene Doktorwürde jeden Wert verlieren muss, wenn wir solche Arbeiten annehmen."[137]
Aber die Herkunftsfrage der Runen war 1934 ein Thema, das sich offiziell des Interesses der NS-Institutionen sicher sein durfte. Deshalb machte Behrens im Februar und Oktober 1935 Eingaben an Reichskanzler Hitler.[138] Dazwischen reichte sie eine

136 Ebd., Anlage III zum Schreiben der Phil. Fak. vom 24.10.1934: Gutachten A. Hübner.
137 Ebd., Anlage III: Gutachten M. Vasmer.
138 Ebd., Bl. 110 - 120.

Neufassung ihrer Dissertation bei der Fakultät ein, die jedoch ebenfalls als „nicht ausreichend“ bewertet wurde. Auch ein extern vom Reichserziehungsministerium an der Universität Königsberg eingeholtes Gutachten fiel negativ aus.[139] Daraufhin richtete Behrens im März 1936 an Reichspropagandaminister Goebbels persönlich die „dringende Bitte, den Runen und mir auch zum Recht zu verhelfen“.[140] Statt der erbetenen „persönlichen Entscheidung“ verwies das Propagandaministerium sie an das Reichserziehungsministerium als dafür zuständige Instanz. Ein drittes Mal wandte sich Behrens nun an Hitler persönlich: „In einer Zeit und in einem Staat, wo die Leistung an sich und besonders die Leistung auf nationalem Gebiet doch sonst gerechte Bewertung findet und auch sonst rechtliche Verhältnisse wieder überall Platz greifen, kann ich die Hoffnung noch nicht aufgeben, daß auch in dieser Sache gerecht entschieden wird, sodaß sie nicht außerhalb der Rechtsgemeinschaft des deutschen Volkes stehen bleibt. Ich bitte deshalb hiermit Eure Exzellenz nochmals dringend, der Runensache und mir zu helfen, daß dieser fast schon zwei Jahre bestehende Zustand der trotz abgelegter mündlicher Prüfung nur zum Teil vollendeten Promotion (...) den Abschluß findet.“[141] Wieder wurde sie an das Reichserziehungsministerium verwiesen, das im Juli 1936 bedauerte, in dieser Sache „nichts mehr veranlassen zu können“.[142]
Da sie aber nicht abließ, schlug die Fakultät ihr vor, die Promotion an der Universität Göttingen vorzunehmen, wohin Neckel inzwischen versetzt worden war. Der jedoch lehnte, des Ärgers müde, ab. Aber da das Ministerium die mündliche Prüfung anerkannt hatte, erklärte er sich bereit, eine „endgültige Überarbeitung der Dissertation zu überwachen“.[143] Im Oktober 1936 reichte die

139 Ebd., Bl. 349 - 353: Gutachten Prof. Wolfgang Krause, 20.02.1936.
140 Ebd., Bl. 481: Behrens an Goebbels, 08.03.1936.
141 Ebd., Bl. 486f.: Behrens an Reichskanzler Hitler, 07.04.1936.
142 Ebd., Bl. 503: REM an Behrens, 29.07.1936.
143 Ebd., Bl. 522: Dekan der Universität Berlin an REM, 05.08.1936.

Berliner Fakultät die Promotionsangelegenheit Behrens an die Göttinger Fakultät weiter. Vasmer gibt an, die Farce habe sich bis 1942 hingezogen, offensichtlich aber ergebnislos. In Berlin wurde nichts weiter aktenkundig. Neckel kehrte 1937 auf seinen Berliner Lehrstuhl zurück, war aber von dem Willkürakt des Ministeriums so in seiner Existenz getroffen, daß er 1940 gesundheitlich zerrüttet starb.

6. Formen persönlich widerständigen Verhaltens (Bl. 21 - 23)

Vor einer Bilanz gibt Vasmer Auskunft über genutzte Möglichkeiten widerständigen Verhaltens. Das besagt mehr über seine Person als über die im Allgemeinen dienstbereiten Philologien im Nationalsozialismus.[144] Für die Nutzung von Spielräumen im totalitär geführten Wissenschaftsbereich griff Vasmer wiederum auf das Verhaltensrepertoire des russischen Zwei-Kulturen-Modells zurück. Bei Bespitzelung seiner Vorlesungen zur slavischen Literaturgeschichte wich er aus, indem er „deutsche Einflüsse" hervorhob oder äsopisch Zitate im slavischen Original brachte; eine Möglichkeit, die ihm nach Kriegsende unter der russischen Besatzung genommen war (Bl. 21). In den Vorlesungen zur slavischen Sprachgeschichte konnte er ausweichend den Einfluß deutscher Lehnworte und Ortsnamen im Slavischen hervorheben.

Dennoch kam es zu Verweisen. Als Zweitgutachter bei der Promotion des Litauers *Abraham Heller* 1934 wurde Vasmer neben den beteiligten Dekanen Horn und Hartung 1936 vom Reichserziehungsministerium eine Mißbilligung ausgesprochen. Erstgutachter Hoetzsch war bereits entlassen.[145] Einen weiteren Verweis erhielt Vasmer für das eigenmächtige Einholen kritischer Information auf diplomatischem Weg, unmittelbar nachdem

---

144 Vgl. Lundgreen, Hochschulpolitik, 25.
145 Näher dazu Bott, Resistenz, 148f.; dies., „Deutsche Slavistik", 293f.

ihm das Reichserziehungsministerium im Sommer 1936 den Bulgarisch-Lektor und aktiven Nationalsozialisten *Janko Janeff* (1900 - 1945) zugeteilt hatte. Anfang 1937 konnte Vasmer endlich mit Bestätigung der Bulgarischen Gesandtschaft in Berlin Ministerialrat Harmjanz mitteilen, daß gegen den wissenschaftlich wenig respektierten Janeff in Sofia ein Prozeß wegen Unterschlagung anhängig sei. Das war seine einzige Hoffnung, den fachlich untragbaren und politisch das Institut gefährdenden Lektor loszuwerden. Aber Janeff blieb dank der Protektion von Harmjanz und Vasmer wurde abgemahnt.[146]
Alle Publikationen von Vasmers Schüler *Reinhold Olesch* (1910 - 1990) ab 1937 über die polnischen Dialekte Oberschlesiens wurden vom Bund Deutscher Osten als Propaganda für Polens Gebietsansprüche beanstandet und auf den Index gesetzt. Olesch verlor, trotz Vasmers Einsatz für ihn, im Herbst 1938 seine Greifswalder Lektorenstelle, wurde dann eingezogen und erhielt erst nach Kriegsende in Greifswald ein Ordinariat.[147] 1934 gab Vasmer in seiner Institutsreihe die Studie des Berliner Volkskundlers *Willibald von Schulenburg* (1847 - 1930), „Wendisches Volkstum in Sage, Brauch und Sitte" (1882), mit Fördermitteln des Reichserziehungsministeriums in verbesserter Neuauflage heraus. Daß sie das Propagandaministerium dann verbot, gehört für Vasmer zu den Absurditäten nationalsozialistischer Wissenschaftspolitik. Auch seine Weigerung, den in Königsberg mit einer germanistischen Arbeit promovierten Nationalsozialisten *Friedrich Wilhelm Neumann* (1899 - 1979) aufgrund einer 1935 bei Gerullis in Königsberg vorgelegten dürftigen Habilitationsschrift über die Geschichte der russischen Ballade und mit mangelhaften Altrussisch-Kenntnissen 1941 in Berlin zur Lehrprobe für die Venia in Slavistik anzunehmen, trug Vasmer einen Verweis von

146 Zur Rolle der Sprachlektoren im NS erstmals ausführlich Bott, „Deutsche Slavistik", 288 - 291.
147 Vgl. Bott, Resistenz, 152f.

Ministerialrat Harmjanz ein. Neumann erhielt dann 1943 mit politischer Protektion des Greifswalder Prähistorikers Engel bei Erwin Koschmieder in München die Venia für Greifswald.[148]

Ein öffentlicher Vortrag Vasmers über slavische Ortsnamen in der Mark Brandenburg 1940 wurde beanstandet und eine Wiederholung von der Reichsdozentenschaft verhindert.[149] Im Gegensatz dazu entging der Parteikontrolle seine auch nach 1940 fortgesetzte Korrespondenz mit befreundeten Kollegen in Polen, sein „schwarzes Instituts-Konto" (Bl. 21), mit dem er Publikationen wie etwa die Dissertation von Gorlin in der Institutsreihe finanzierte, und ein Artikel über den verbotenen Heinrich Heine in der „Zeitschrift für slavische Philologie" 15/1938, der sich als Besprechung ukrainischer Lyrik-Übersetzungen auswies. Gleichwohl läßt die Diktion des Münsteraner Slavisten Oswald Burghardt eine affirmative Nähe zur Ideologie des Nationalsozialismus erkennen.

Wie Vasmer als Herausgeber seiner Zeitschrift „Vorschriften für Schriftleiter" (Bl. 22) umging, ist nur in diesem Dokument belegt; eine vergleichende Untersuchung zu Autorenbeiträgen der NS-Jahrgänge fehlt noch. Es gab „Decknamen für verbotene Autoren" (Bl. 22) wie etwa den Leipziger Osteuropahistoriker und Marxisten Georg Sacke (1901 - 1945), der – seit 1933 arbeitslos, 1934 verhaftet und für ein Jahr ins KZ Sachsenburg verbracht – 1939 und 1941 doch wieder unter seinem Namen in der „Zeitschrift für slavische Philologie" publiziert wurde. Es gab weiterhin Beiträge jüdischer Autoren – etwa Ernst Fraenkel 11/1934 (1936 in Kiel entlassen), Valentin Kiparsky 16/1939 oder Pëtr Bicilli 17/1941 – und Beiträge über das seit 1939 verbotene Thema slavischer Ortsnamen und Dialekte in Deutschland. Allerdings war das nur möglich, weil

148 Ab 1944 Dozent in Greifswald, lehrte er nach dem Krieg in Hamburg, dann in Mainz. Ebd., 136.

149 Vgl. auch UA FU, Bestand ZIOEI, Slavisches Seminar. Schriftwechsel 1951 - 1952 (3b): Vasmer, Berlin, den 10.10.1951, an Dekan Georg Rohde.

Vasmer auf die absolute Zuverlässigkeit seiner Redakteurin Woltner bauen konnte.

Im Gründungsjahr des SS-Ahnenerbes 1935 suchte der promovierte Prähistoriker Alexander Langsdorff, Protegé des Berliner Ur- und Frühgeschichtlers Wilhelm Unverzagt, Kustos am Museum für Ur- und Frühgeschichte (dessen Direktor Unverzagt war) und Referent für vorgeschichtliche Grabungen in Himmlers SS, Vasmer in seiner Wohnung auf, um ihn nach vermeintlichen „unerlaubten Grabungen“ (Bl. 23) seines Instituts zu befragen. Unverzagt selbst hatte 1932 Grabungen in Zantoch an der Warthe initiiert, um den „deutschen Anspruch“ auf diese inzwischen polnischen Gebiete nachzuweisen. Der Verdacht gegen Vasmer führte zu Untersuchungen in der Akademie nach etwa dort verborgenen Runensteinen und schließlich zum „Verhör“ beim SS-Ahnenerbe (Bl. 23).[150]

Widerständiges Verhalten manifestierte sich vor allem im Einsatz für verhaftete Kollegen (Bl. 23). Vasmers unpersönlich gehaltenes Notat „Polen, Norweger, Franzosen, Tschechen“ gibt eine Chronologie seiner eigenen Bemühungen zur Rettung verhafteter Wissenschaftler, „oft umsonst, manchmal mit Erfolg“. Unterstützt von Ernst Haenisch (Sinologie), Otto Hahn und Max von Laue (Physik), Robert Holtzmann (Geschichte) und Diedrich

---

150 Vgl. Vasmers die fehlende Solidarität des Kollegen 1935 einklagenden Brief an Brackmann vom 15.05.1937, GStA, HA I, Rep. 92, NL Albert Brackmann, Nr. 82, Bl. 317; zu Langsdorff vgl. Kater, 20, 364. – *Markowski*, Bl. 23: jener „Geographiedocent der paed. Fak.“ der Universität Greifswald 1948, „1. Vorsitzender der Gesellschaft zum Studium der Sowjetunion“? Vgl. Victor Klemperer, So sitze ich denn zwischen allen Stühlen. Tagebücher 1945 - 1949. Hg. von Walter Nowojski, Berlin 1999, Bd. I, 489. Den Bezug zu *Posen* konnte ich nicht ermitteln. – *Günther Klaffenbach* (1890 - 1972), promovierter klassischer Philologe und Archäologe, betreute seit 1929 als Epigraphiker die „Inscriptiones Graecae“ an der Akademie. 1935 - 55 lehrte er an der Berliner bzw. Humboldt- Universität Archäologie und Epigraphik.

Westermann (Afrikanistik) sowie von ausländischen Diplomaten setzte Vasmer sich ab Januar 1940 – neben den mutigen Initiativen der Angehörigen – mit Erfolg für die Freilassung des im November 1939 in die Konzentrationslager Sachsenhausen und Dachau deportierten *Lehrkörpers der Universität Krakau* ein.[151] Auf Wunsch des befreiten Historikers Władysław Konopczyński schilderte Vasmer 1947 die Struktur seiner Rettungsversuche für die polnischen Kollegen. Ein Mehrheitsbeschluß der Berliner Professoren dazu war aufgrund ihrer politischen Spaltung und der gleichgeschalteten Universitätsleitung aussichtslos: „Sie müssen bedenken, dass 1939 die Professorenschaft in zwei getrennte Lager gespalten war. Es gab Nationalsozialisten, mit denen wir nicht verkehrten und die von vielen ängstlichen Gemütern umworben wurden; diese Unentschlossenen bildeten wohl die Mehrheit. Dann gab es eine ganz kleine Gruppe von energischen Gegnern der Bewegung, die immer mit Drangsalierungen rechnen musste und der Regierung als Opposition gut bekannt war. Die Dekane und Rektoren wurden nicht mehr gewählt, sondern ernannt. Die Leitung der Berliner Universität und Akademie war zur Zeit Ihrer Verhaftung eine so ungeeignete, dass ein Beschluss, verhaftete polnische Professoren zu befreien, in einer Sitzung keine Aussichten hatte, von einer Mehrheit angenommen zu werden."[152]

---

151 Vgl. Bott, Denkschrift, 168, mit weiterführender Literatur; Margarete Woltners Nachruf „Max Vasmer", Zeitschrift für slavische Philologie 31/1963, 1 - 19, vermerkt: „Er wagte viel, um seine polnischen Kollegen aus dem KZ zu befreien. Der polnische Dank hätte ihn fast selbst ins KZ gebracht" (8). Vasmer gab am 10.10.1951 Dekan Rohde von der FU über seine Zeit an der Berliner Universität die Auskunft: „Während des Krieges ist gegen mich gearbeitet worden wegen meiner Unterstützung der in Konzentrationslagern eingesperrten polnischen, französischen und norwegischen Kollegen. Über diese Angelegenheit bin ich aber wenig unterrichtet, einige Andeutungen darüber machte mir Herr Dr. Epstein, der einen Teil der Akten gesehen hat"; UA FU, Bestand ZIOEI, Slawisches Seminar 1951 - 1952 (3b).

152 Vgl. AAW, NL Vasmer: Vasmer, Berlin, 01.09.1947, an W. Konopczyński, Krakau.

Richtiger erschien es Vasmer deshalb, in Einzelinitiativen von verschiedener Seite her „auf die Hitlerregierung durch einflussreiche Neutrale einzuwirken", durch den päpstlichen Nuntius in Berlin oder Diplomaten aus Schweden, Holland, Jugoslawien und Bulgarien. Daneben initiierte er „mit einigen politisch absolut zuverlässigen Kollegen" – außer den genannten Professoren „der treffliche Petrone", seit 1922 Italienisch-Lektor an der Berliner Universität[153], sowie Vasmers Schüler von Arnim, Woltner und Philipp – persönliche Eingaben an die Kulturabteilung des Auswärtigen Amtes. Vasmer sprach im Auswärtigen Amt mit Hans von Moltke (Bl. 23), dem früheren deutschen Botschafter in Warschau, und mit Geheimrat Paul Roth (Bl. 23), vormals Deutscher Generalkonsul in Odessa. Der Druck in der diplomatischen Öffentlichkeit und Auslandspresse war dann so groß, daß ihm die NS-Regierung 1940 noch nachgab.
Dem Schweigen der Mehrheit an der Universität stellte Vasmer die entschlossene Solidarität Einzelner gegenüber: „Bezeichnend für Westermanns Einstellung ist, dass er von der Notwendigkeit dieser Schritte durchdrungen war, obgleich er keinen von den in diesem Antrag genannten Herren persönlich kannte. Er erklärte sich aber bereit, im Interesse der Sache die Eingabe zu machen, deren Text in meiner Fassung er unterschrieb. Dieses Verhalten steht in scharfem Gegensatz zu dem Benehmen mehrerer anderer Kollegen, die sich weigerten, für alte polnische Freunde einzutreten."[154] Möglicherweise ist hier auch Rodenwaldt gemeint, der 1935 noch auf Vortragsreise in Polen war und ab November

153 Ebd. Michele Petrone (1893-?), mit einer Jüdin veheiratet, wurde auf Drängen der italienischen Behörden im März 1940 entlassen, dann aber an der neu gegründeten Auslandswissenschaftlichen Fakultät wieder angestellt. Vgl. Hausmann, Deutsche Romanistik, 238.

154 AAW, NL Vasmer: Vasmer, Berlin, 01.09.1947, an W. Konopczyński, Krakau.

1939 bis Ende 1940 Karten seines Warschauer Kollegen Kazimierz Michałowski aus deutschen Kriegsgefangenenlagern erhielt.[155] Vasmer hatte von der „Sonderaktion Krakau“ im Januar 1940 durch die Frau des verhafteten Ukrainisch-Lektors Stefan Bednarski erfahren. Die 28jährige Janina Bednarska (1941 als Mitglied einer Untergrundorganisation in Tarnów hingerichtet), war nach Berlin gereist, erfuhr vom Tod ihres Mannes in Sachsenhausen und wandte sich an Vasmer um Hilfe für die noch Inhaftierten. Sie sprach auch Ferdinand Sauerbruch, der seine Hilfe zusagte. Ihm ist es möglicherweise zu verdanken, daß eine Sonderkommission die Lagerverhältnisse im KZ Sachsenhausen begutachtete und den Krakauer Häftlingen danach der Empfang von Lebensmittelpaketen gestattet war.[156] Vasmer erwähnt in seiner Stockholmer Rede Sauerbruch und die Reichsärztekammer (Bl. 23). An Konopczyński schrieb er: „Bei späteren Verhaftungen von Norwegern und Franzosen konnten wir schon zielbewusster handeln, weil wir aus diesen Fällen gelernt hatten. So ist mir erst nach Ihrer Freilassung klar geworden, dass die Reichsärztekammer ganz gut zu derartigen Massnahmen benutzt werden konnte.“[157]

---

155 Vgl. Archiv des Deutschen Archäologischen Institutes (DAI) Berlin, NL Rodenwaldt, Kasten 8, Mappe 31: Vortragsreise „Attische Grabmäler“ nach Warschau und Lemberg 1935; Kasten 1, Briefe: Michałowski an Rodenwaldt. Dieser schickte dem Kollegen ein Mal Kleidung, Lebensmittel und Fachliteratur und erkundigte sich im Dezember 1940 letztmals nach ihm.

156 Vgl. die Internet-Veröffentlichung von Frauke Kerstens, wiss. Mitarbeiterin der Gedenkstätte und Museum Sachsenhausen, Die „Sonderaktion Krakau“ 1939 - 1941, Berlin 2001.

157 AAW, NL Vasmer: Vasmer, Berlin, 01.09.1947, an W. Konopczyński, Krakau. Zu Sauerbruch (Ordinarius der Universität Berlin 1927 - 49) und der Reichsärztekammer fehlt es noch an Quellenerschließung, auch in dem aus einem mehrjährigen Forschungsprojekt zur Geschichte der Charité im NS hervorgegangenen Band von Sabine Schleiermacher und Udo Schagen (Hg.), Die Charité im Dritten Reich. Zur Dienstbarkeit medizinischer Wissenschaft im Nationalsozialismus, Paderborn 2008. Für Wolfgang U. Eckart („’Der Welt zeigen, daß Deutschland erwacht ist...’: Ernst Ferdinand

Nach Krakau 1939 kam es 1941 in Oslo zu einem weiteren Großangriff auf die intellektuelle Schicht eines besetzten und diesmal nicht-slavischen Landes.[158] Mit anderen Professoren wurde der Sprachforscher und Rektor der Universität Oslo, *Didrik Arup Seip* (1884 - 1963), von den nationalsozialistischen Okkupanten verhaftet. Er kam als einziger zu Ostern 1942 in ein deutsches KZ, nach Sachsenhausen, wurde aber im Dezember 1942 vom Reichsführer SS wieder entlassen. Das geschah auf Initiative von Vasmer, der von dem Osloer Slavisten Olaf Broch (1867 - 1961) über Seips Verhaftung informiert worden war und daraufhin den schwedischen Gesandten Richert sowie den finnischen Botschafter Kivimäki[159] einschaltete. Sie wandten sich, vermutlich auf Anraten

---

Sauerbruch (1875 - 1951) und die Charité-Chirurgie 1933 bis 1945", ebd.) hat Sauerbruch als Gutachter des Reichsforschungsrates von den Humanexperimenten in den Konzentrationslagern gewußt und sie mit seiner Unterschrift gutgeheißen. Auch wenn er keiner NS-Organisation angehört habe, kein Parteigänger der NS-Ideologie und ein Gegner des Antisemitismus war, habe er mit seinem öffentlichen Auftreten seit 1933 dem NS gehuldigt. Hier ist nicht mehr von Ambivalenz, sondern von Befürwortung des NS die Rede. Ob es unterschiedliche Phasen bzw. eine Entwicklung in Sauerbruchs Verhältnis zum NS seit 1933 gab, wird ebenso wenig reflektiert wie kontextabhängige Differenzen von öffentlichem, fachinternem und privatem Diskurs im totalitären Staat.

158 Vgl. Jorunn Sem Fure, Universitet i kamp – Universitetet i Oslo under den 2. verdenskrig 1940 - 1945, Oslo 2007: 1941/43 wurden etwa 20% des Lehrkörpers der Universität Oslo von den deutschen Besatzern und den Quisling-Autoritäten für kurze oder längere Zeit in Norwegen inhaftiert; eine Gruppe mit Seip 1941, weitere 10 - 15 Professoren mit etwa 1200 Studenten (25 - 30% der Studenten) im Oktober/November 1943 bei gleichzeitiger Schließung der Universität. 650 Studenten wurden nach Deutschland deportiert, davon 350 ins KZ Buchenwald, die übrigen in eine SS-Schule nach Sennheim im Elsaß zur ideologischen Umerziehung. Da dies mißlang, kamen auch sie 1944 nach Buchenwald. Die noch Lebenden wurden im April 1945 befreit.

159 Eben erst waren Vasmer (Mitglied der Finnisch-ugrischen Gesellschaft Helsinki) und der Greifswalder Finnougrist Hans Grellmann vom Auswärtigen Amt Toivo Kivimäki (1886 - 1968) als „Sachverständige

von Vasmer, an den Indologen und ambitionierten Etymologen Walther Wüst (1901 - 1993) von der Universität München, der seit 1936 die Abteilung „Wortkunde“ im SS-Ahnenerbe leitete und ab 1937 dessen Präsident war. Wüst erreichte bei Himmler, daß Seip zu Forschungsarbeiten für das SS-Ahnenerbe freikam. Danach lebte Seip als Zivilinternierter unter Hausarrest in München, ab Mai 1943 in Berlin bzw. nach seiner Ausbombung in Groß Kreutz bei Berlin, mußte sich wöchentlich bei der Gestapo melden und forschte für das SS-Ahnenerbe. Vasmer und der Nordist Hans Kuhn (s. Bl. 20) halfen ihm bei der Beschaffung von Büchern aus den Bibliotheken. Auch sorgten sie für soziale Kontakte mit Gleichgesinnten. Im April 1945 schließlich konnte Seip auf Druck des schwedischen Diplomaten Graf Folke Bernadotte nach Oslo

---

für Besprechungen mit finnischen Sachverständigen über finnische Grenz- und Umsiedlungsfragen“ empfohlen worden (BArch Berlin, ehem. BDC, Film 10516, ohne Aktennr., Bl. 10753: gez. Woermann, Berlin, 11.10.1942, an Gesandten von Rintelen). Kivimäki akzeptierte beide „als hervorragend geeignete und in Finnland wohl bekannte Gesprächspartner“ (ebd., Bl. 10747: Ernst von Weizsäcker, Berlin, 29.10.1942, an von Grundherr und von Rintelen). Am 08.10.1942 hatte er gegenüber von Weizsäcker „das gemeinsame Studium der ost-karelischen Grenzfrage und der Umsiedlung der finnisch-ugrischen Stämme“ angeregt. Nach dem Winterkrieg 1939/40 hatte Finnland u. a. die karelische Landenge an die SU abtreten müssen. Deutsche Wissenschaftler sollten nun zunächst „das bestehende finnische Material“ prüfen, danach die Vorbesprechungen „in staatliche Gespräche übergeleitet“ werden (ebd., Bl. 10752: E. von Weizsäcker, Berlin, 12.10.1942, an Reichsaußenminister von Ribbentrop). Dabei war Kivimäki (Ordinarius für Bürgerliches Recht der Universität Helsinki, 1928 Innen-, 1932 Justizminister, 1932 - 36 Ministerpräsident, 1940 - 44 Botschafter in Berlin) gegen „eine nur gewaltsame Behandlung“ der „im besetzten sowjetrussischen Gebiet liegenden Völkergruppen“ (ebd., Bl. 10750: E. von Weizsäcker, Berlin, 13.10.1942, an von Ribbentrop). Da die Einnahme Leningrads bis Ende 1942 nicht gelang und der Krieg mit der Stalingradoffensive dann einen anderen Verlauf nahm, wurden Kivimäkis Pläne hinfällig. – Für den Aktenhinweis danke ich Jens Thiel, HU Berlin.

zurückkehren.[160] In seinen 1946 erschienenen Erinnerungen erwähnt er neben Vasmer und Kuhn auch die Unterstützung durch Sauerbruch bei seiner Entlassung aus dem KZ.[161]
1944 erreichte Vasmer aus dem KZ Buchenwald eine Karte des russischen Slavisten *Boris Unbegaun* (1898 - 1973). Er war dem Sprachwissenschaftler, der 1935 in Paris promoviert wurde und ab 1937 in Straßburg und Brüssel lehrte, sehr zugetan. Als Vasmer nach seiner Gastprofessur an der Columbia University in New York 1938/39 einen Ruf dorthin ablehnte, empfahl er Boris Unbegaun, der im Sommer 1939 ein Gastsemester dort lehrte.[162]

---

160 Zu Seip vgl. Kater, 179, 405 sowie 314, 327. Vasmer nennt Olaf Broch in seiner Selbstaussage 1945 u. a. als Gewährsmann für seine Haltung im NS (UA HU, PA Vasmer, Bd. 5, Bl. 8; und AAW, NL Vasmer: an Gerhard Wirth, 23.02.1947).

161 Didrik A. Seip, Hjemme og i fiendeland 1940 - 1945, Oslo 1946; über seine KZ-Haft 1942 (mit Vorbehalt, was einen etwaigen „Beschluß" der Berliner Fakultät angeht), 470: „Prof. Olaf Broch schrieb und übermittelte zugleich mündlich eine Botschaft an den Professor für slavische Sprachen der Universität Berlin und Mitglied der Osloer Akademie der Wissenschaften Max Vasmer, der mir mitteilte, daß mein Fall an der Philosophischen Fakultät der Berliner Universität diskutiert würde: Vasmer und der Nordist Hans Kuhn sprachen sich beide für mich aus, um die Universität dazu zu bewegen, für meine Befreiung zu arbeiten. Die Fakultät faßte dazu einen Beschluß, der auch von außerhalb durch den Professor für Medizin, Ferdinand Sauerbruch, unterstützt wurde". Über die Zeit unter Hausarrest in Berlin, 495: „Professor Kuhn und seine Assistenten am Germanischen Institut taten, was sie nur konnten, um mir bei meiner Arbeit zu helfen. Professor Vasmer, an den Broch geschrieben hatte, um mich aus dem KZ freizubekommen, war ein guter Kontakt. Seine Verachtung für das existierende System war grenzenlos und er gab mir eine Vielzahl Ratschläge, wie ich mich verhalten sollte. Er stellte mich Kollegen vor, die seine Ansichten teilten. Es war eine klare, aber zurückgehaltene [im Handeln gebundene] Opposition. Kuhn und Vasmer waren unablässig bemüht, Wege und Methoden zu finden, um andere norwegische Kollegen aus der Haft freizubekommen." Für die Übersetzung danke ich Jorunn Sem Fure.

162 Vgl. Columbia University Archives, File V 1938 - 39: Vasmer, Berlin, 06.03.1939, an Präsident Nicholas Butler, Columbia University, New

Doch kehrte auch er wieder zurück, wurde 1943 mit anderen Professoren der nach Clermont-Ferrand verlegten Universität Straßburg verhaftet und nach Buchenwald deportiert.[163] Auf seinen Hilferuf hin wandte Vasmer sich wieder an Walther Wüst vom SS-Ahnenerbe, mit Erfolg.[164] Dem Germanisten Frederick Heuser von der Columbia University berichtete Vasmer 1946: „Sie werden wohl gehört haben, daß Herr Unbegaun von den Nazis 9 Monate im Konzentrationslager gehalten worden ist. Er kam im Herbst 1944 frei und hat dann etwa ½ Jahr in Berlin gesessen. Er wurde von unserer Akademie beschäftigt und ich bin viel mit ihm zusammen gewesen. Er hat sich unter unseren Slavisten allgemeiner Beliebtheit erfreut. Wir haben in dieser Zeit auch viel über Amerika gesprochen. Ich habe mich so an ihn gewöhnt, daß ich ihn jetzt oft vermisse."[165] Vasmer übertrug dem ehemaligen

---

York.

163 Vgl. Margarete Woltners Nachruf „Boris O. Unbegaun", in: Zeitschrift für slavische Philologie 37/1974, 229 - 234. Sie erwähnt Vasmers Errettung Unbegauns 1944 und ihre eigene Hilfe für ihn bis Kriegsende in Berlin nicht.

164 Wofür er Wüst trotz „seiner parteipolitischen Betätigung" eine knappe „Bescheinigung" ausstellte, vgl. AAW, NL Vasmer, Berlin, 15.10.1946: „Der Unterzeichnete bescheinigt hiermit, daß er mit Prof. Walt[h]er Wüst während des jetzt beendeten Krieges in brieflicher Verbindung gestanden hat, um die Freilassung des französischen Professors Dr. B. Unbegaun aus dem Konzentrationslager Buchenwald durchzusetzen. Herr Wüst hat für diese Angelegenheit volles Verständnis gehabt und hat sich damals für Prof. Unbegaun bei verschiedenen Stellen eingesetzt. Dass die Freilassung von Herrn Unbegaun zum größten Teil ihm zu verdanken ist, muss daraus geschlossen werden, daß Prof. Wüst dem Unterzeichneten zuerst von der bevorstehenden Befreiung Unbegauns briefliche Mitteilung gemacht hat. Der Unterzeichnete würde es für gerecht halten, wenn dieses Eintreten von Prof. Wüst bei der Beurteilung seiner parteipolitischen Betätigung Berücksichtigung finden würde." Zu Wüst vgl. Kater, 43f.; Maximilian Schreiber, Walther Wüst. Dekan und Rektor der Universität München 1935 - 1945, München 2007.

165 Vgl. AAW, NL Vasmer: Vasmer, Berlin, 09.07.1946, an Frederick Heuser, New York.

KZ-Häftling Unbegaun an der Slavischen Kommission der Akademie offiziell „die phonetische Bearbeitung slavischer (besonders russischer und ukrainischer) Schallplatten".[166] Dabei handelte es sich um Sprachaufnahmen „an sovjetischen und jugoslavischen Kriegsgefangenen", die Vasmer im November 1941 im Kriegsgefangenenlager in Neubrandenburg gemacht hatte.[167] Nach dem Krieg veröffentlichte Unbegaun die auf eigener Erfahrung in Buchenwald beruhende Studie „Les argots slaves des camps de concentration" 1947.[168] Aber weder er noch Vasmer haben jemals das Neubrandenburger Material zu Forschungszwecken genutzt.[169] Nach seiner Befreiung im April 1945 kehrte Unbegaun

---

166 Vgl. AAW, AKL 165, Institut für Slawistik 1946 - 1967, Bl. 7: „Slavische Kommission bei der Preußischen Akademie der Wissenschaften, Bericht des Herrn Vasmer", 1946.

167 Eine europaweit im Ersten Weltkrieg etablierte Forschungstradition. In Berlin initiierte Carl Stumpf 1915 ein „Stimmen-Museum der Völker". Wilhelm Schulze, Ernst Lewy u. v. a. machten 1915 - 18 Sprachaufnahmen von Kriegsgefangenen. Für Vasmer und Dr. Olaf Hansen (IfL) beantragte Diedrich Westermann, Direktor des Instituts für Lautforschung, am 03.11.1941 beim Universitätskurator eine 7tägige Dienstreise zu Sprachaufnahmen im Kriegsgefangenenlager in Neubrandenburg, Beginn: 06.11.1941 (UA HU, PA Vasmer, V 7, Bd. 1, Bl. 126). Am 17.07.1941 schrieb Westermann an Paul Wirth, Vasmers soeben habilitierten Schüler (s. Bl. 20), der als Sonderführer, d. h. Dolmetscher, im Stalag 2a in Neubrandenburg eingezogen war: „Herr Prof. Vasmer möchte gerne in Ihrem Lager einige Aufnahmen von serbischen Kriegsgefangenen machen, wobei es sich besonders um die Frage des Akzentes im Serbischen handeln soll" (UA HU, Institut für Lautforschung, Nr. 12, 1935/44).

168 In: Etudes linguistiques (Reihe: Mélanges 1945, V ; Publication de la Faculté des Lettres de l'Université des Strasbourg, 108), Paris 1947, 177 - 193.

169 Vasmer muß sich während des Besuchs im Lager, das kurz darauf wegen Quarantäne gesperrt wurde, der neuen ‚Qualität' von Gefangenschaft in diesem Vernichtungskrieg bewußt geworden sein. Vgl. Christian Streit, Keine Kameraden. Die Wehrmacht und die sowjetischen Kriegsgefangenen 1941 - 1945, Bonn 1991, 128 - 136, zum Massensterben sowjetischer Kriegsgefangener im Reichsgebiet zwischen November 1941 und Januar 1942; Uwe Mai, Kriegsgefangen

an die Universität Straßburg zurück. Für Vasmer veranlaßte er die Zusendung von Lebensmittelpaketen und schrieb: „Je pense souvent aux heures que nous avons passées ensemble et à l'amitié vraie et sans réserve que vous n'avez pas hésité à témoigner à ce pauvre déporté politique que j'ai été alors. J'espère avoir un jour l'occasion de vous exprimer toute ma gratitude pour tout ce que vous avez fait pour moi".[170]

Ebenfalls im letzten Kriegsjahr setzte sich Vasmer für die Freilassung des Literarhistorikers und Volkskundlers *Jiři Horák* (1884 - 1975) in Prag ein. Horák hatte sich 1919 an der Prager Karlsuniversität in vergleichender Literaturkunde habilitiert. Nach einem Forschungsaufenthalt in Petrograd 1921 lehrte er ab 1922 an der Universität Brünn und 1927 - 53 als Ordinarius an der Prager Karlsuniversität, wo er 1932/33 Dekan war und ab 1936 das Seminar für slavische Philologie leitete. Während der Okkupationszeit leitete Horák ab 1939 auch das Staatliche Institut für Volksliedforschung. Wegen seiner antifaschistischen Haltung war er 1944 - 45 im Prager Gefängnis Pankrác inhaftiert. An André Mazon, Direktor des Pariser Institut d'Etudes slaves, berichtete Vasmer aus Stockholm 1949: „Mit großer Trauer haben wir von dem Schicksal der Familie Gorlin gehört. Er war ein sehr begabter Mensch (...). Ähnlich wie er ist ein anderer Schüler von mir Otto Franck in Skoplje umgekommen. In allen diesen Fällen haben die Bemühungen nichts geholfen und ich war sehr froh, dass es bei Unbegaun, Horák und einigen Polen gelang."[171]

---

in Brandenburg. Stalag III A in Luckenwalde 1939 - 1945, Berlin 1999. Die Schallplatten mitsamt Personalbögen haben sich im Lautarchiv der Humboldt-Universität erhalten.

170 Vgl. AAW, NL Vasmer: Unbegaun an Vasmer, Straßburg, 21.06.1946. Seit 1948 lehrte Unbegaun auch regelmäßig in Oxford. 1953 trat er dort den Lehrstuhl für Vergleichende slavische Philologie an. Ab 1965 lehrte er als Visiting professor an der New York University und in Yale.

171 Vgl. Archiv des Institut d'Etudes slaves, Paris: Vasmer aus Stockholm an André Mazon, 24.09.1949. Horák, 1945 - 48 Botschafter in der

7. Bilanz: Die Berliner Universität – ein „Widerstandszentrum“? (Bl. 24 - 31)

Gleichwohl kann vom widerständigen Verhalten einiger weniger Professoren nicht auf die Berliner Universität als Widerstandszentrum geschlossen werden. Daß sie „den Nazis“ im Reichserziehungsministerium dennoch „als ein Widerstandszentrum erschien“ (Bl. 24), als eine langfristig nur und mit Mühe einzunehmende Bastion von Geheimräten und Akademiemitgliedern, wird für Vasmer mit seiner Sowjeterfahrung auch daran ersichtlich, daß man „die älteren Professoren“ zunächst „als notwendiges Übel“ noch lesen ließ und nicht zum Parteieintritt zwang (s. auch Bl. 30). Erst die Nachwuchsdozenten wurden durch die neue Reichshabilitationsordnung[172] ab 1934 in die NSDAP „gedrängt“ (Bl. 24).

Zweifellos war die Berliner Universität in den 30er Jahren die größte und bedeutendste des Landes.[173] Nach der Universität Frankfurt am Main hatte sie auch den größten Anteil jüdischer Dozenten und verlor über ein Drittel der Lehrenden durch rassenideologisch und politisch bedingte „Säuberungen“.[174] Diese hohen Entlassungszahlen belegen andererseits, daß die Universität Berlin trotz des vorherrschenden Nationalkonservatismus ihrer Professorenschaft mit dem Kultusministerium der Weimarer Zeit eine liberale,

---

UdSSR, leitete 1956 - 63 das Institut für Ethnographie und Folkloristik der Akademie der Wissenschaften der ČSSR, deren Mitglied er 1952 wurde.

172 Vgl. Lundgreen, Hochschulpolitik, 12f.

173 Vgl. Heiber II/2, 421f. 1935 studierten hier etwa 9.000 Studenten. 1932/33 lehrten an ihr insgesamt 746 Ordinarien, Honorarprofessoren, Privatdozenten, Lektoren und Lehrbeauftragte (vgl. Grüttner/Kinas, 126, nach Edward Hartshorne 1937).

174 Vgl. Grüttner/Kinas, 140: 1933 - 45 wurden in Frankfurt a. M. 36,5% des gesamten Lehrkörpers vom Ordinarius bis zum Lehrbeauftragten entlassen (128 von 351), in Berlin 34,9% (278 von 797).

offene Berufungspolitik praktiziert hatte.[175] Tatsächlich waren auch die beiden Zentren konservativen Widerstands gegen das Hitler-Regime, der „Freiburger Kreis" und die Berliner Mittwochs-Gesellschaft mit Professoren wie Lietzmann, Spranger, Oncken, Jessen, Sauerbruch oder Heisenberg, noch „das Beste, was die deutsche Wissenschaft im Nationalsozialismus zu bieten hatte" (Rüdiger vom Bruch).[176] Obgleich also die Berliner Universität nicht zu den Stoßtrupp-Universitäten des Reiches gehörte, ist die Rede von ihr als einem „Widerstandszentrum" nur aus nationalsozialistischer Sicht nachvollziehbar. Nach 1945 nähme eine solche Perspektive einen Legitimationsdiskurs vorweg, wie er später in der Bundesrepublik bis in die 1980er Jahre hinein vorherrschte.[177]

Bemerkenswert an Vasmers Bilanz bleibt, welche entscheidende Bedeutung er dem Charakter des Einzelnen beimißt: „Es kam viel auf den Professor an" (Bl. 24). Am Ende seiner Rede kommt er auf beigelegten Blättern noch einmal differenziert darauf zurück. Hier nennt er als Negativbeispiel politischer Anpassung den Mittelalter-Historiker *Fritz Rörig* (1882 - 1952), 1935 - 50 Ordinarius der Berliner Universität und seit 1942 Akademiemitglied, der 1936 Vorstandsmitglied der Nord- und Ostdeutschen Forschungsgemeinschaft wurde, als diese das Gebiet Skandinavien neu hinzunahm. Der Spezialist für die Hansegeschichte im Ostseeraum suchte Kontakt zu nationalsozialistischen Historikern in Stockholm und Norwegen und gehörte zum wissenschaftlichen Beirat von

175 So schon Heiber II/2, 422; ebenso Grüttner/Kinas, 148.

176 So auch Heiber I, 188 - 197. Zum „Freiburger Kreis" vgl. Cornelißen, 335 - 369. Zum Widerstand innerhalb der Mittwochs-Gesellschaft vgl. Klaus Scholder (Hg.), Die Mittwochs-Gesellschaft. Protokolle aus dem geistigen Deutschland 1932 - 1944, Berlin 1982, 36 - 43.

177 Dazu im Überblick Rüdiger vom Bruch, „Die Berliner Universität 1933 - 1945 in der Erinnerungskultur nach 1945", in: Christoph Jahr (Hg.), Die Berliner Universität in der NS-Zeit. Band I: Strukturen und Personen, Stuttgart 2005, 227 - 234, besonders 230f.

„Jomsburg", der „Zeitschrift für den Deutschen Osten".[178] Ab Februar 1946 publizierte Rörig in der „Täglichen Rundschau" der Sowjetischen Militäradministration eine Artikelserie, die er noch im September unter dem Titel „Geschichte und Gegenwart" als Broschüre herausgab. Vasmer berichtete zur selben Zeit dem nach Hamburg gewechselten einstigen Mitstreiter Hans Kuhn: „Was Sie über eine unangenehme Fakultät sagen, könnte vielleicht auch auf unsere hiesige Genossenschaft angewandt werden. Herr Rörig hat anscheinend seine nationalsozialistische Berliner Periode vergessen (...). Er erfreut sich einer allgemeinen Beliebtheit bei den Mächtigen dieser Welt."[179] Weitere Negativbeispiele politischer Anpassung sind für Vasmer der 1936 nach Berlin berufene Wiener Germanist und Nationalsozialist *Franz Koch* (s. Dekanate, Bl. 12); der Romanist *Ernst Gamillscheg* (1887 - 1971), 1926 - 45 Ordinarius der Berliner Universität und 1936 Akademiemitglied, der sich mit seiner „Landnahmeforschung" für die Ideologie des Nationalsozialismus instrumentalisierbar machte[180], 1939 den romanistischen Beitrag in der Festschrift

178 Vgl. Fahlbusch, Wissenschaft im Dienst, 226f. und 588; Eduard Mühle, Für Volk und deutschen Osten. Der Historiker Hermann Aubin und die deutsche Ostforschung, Düsseldorf 2005, 318 - 321.

179 Vgl. AAW, NL Vasmer: Berlin, 26.09.1946, an H. Kuhn, Hamburg. F. Meinecke gegenüber setzte sich Vasmer im April 1946 nochmals für die Aufnahme seines einstigen Mitstreiters Holtzmann (s. Bl. 8) in die Akademie ein; ein Vorschlag, für den er 1945 bei den damals anwesenden Historikern Hartung und Rörig „keine Unterstützung" gefunden hatte: „Wenn ich mich nicht irre, hatten Sie mit Oncken zusammen im Winter 1938/39 den Antrag auf Wahl von Holtzmann bereits vorbereitet", die dann aus politischen Gründen nicht erfolgt war. Holtzmann, dessen „reiches Wissen" er dem engen Spezialistentum von Rörig gegenüberstellte (ebd.: Berlin, 07.04.1946, an F. Meinecke, Göttingen), starb 1946 in Halle.

180 Differenziert dazu das vorzügliche Gesamtporträt von Yakov Malkiel, „Ernst Gamillscheg (1887 - 1971) und die Berliner Schule der Romanischen Sprachwissenschaft (1925 - 1945)" [zuerst in Romance Philology 27/1973, 172 - 189], in: Jürgen Trabant (Hg.), Beiträge zur Geschichte der romanischen Philologie in Berlin, Berlin 1988,

„Deutsche Wissenschaft" für den Führer übernahm, ab 1940 am „Kriegseinsatz der Geisteswissenschaften" mit dem Projekt „Das Germanentum in Frankreich" teilnahm und 1940 - 44 das Deutsche Wissenschaftliche Institut in Bukarest leitete[181]; sowie der Indologe und Nationalsozialist *Bernhard Breloer* (s. Dekanate, Bl. 12).

An der Theologischen und der Juristischen Fakultät war man über die politische Anpassung Einzelner hinaus korporativ so weit gegangen, die Fächer im Sinne des NS-Staates und seiner Ideologie völlig neu zu konzipieren und in der Lehre umzustrukturieren. Das kam einer Selbstzerstörung gleich. Die Juristische Fakultät behielt nach Kriegsende nur noch einen ihrer Ordinarien, den ehemaligen Rektor Kohlrausch.[182] Nach dem Ende der „Deutschen Christen" waren von den Theologen der Berliner Fakultät lediglich noch drei Privatdozenten tragbar: die Kirchenhistoriker *Walter Eltester* (1899 - 1976) und *Walter Dreß* (1904 - 1979, als Mitglied der Bekennenden Kirche ab 1938 ohne Lehrbefugnis) sowie der Neutestamentler *Johannes Schneider* (1895 - 1970).[183] Dieser Vorgang traf Vasmer, Mitglied der Bekennenden Kirche, in seiner kulturellen Identität als deutscher Protestant besonders.

Dagegen hatten einige Mitglieder der noch nicht unter nationalsozialistischer Führung stehenden Preußischen Akademie

---

57 - 81.

181 Vgl. Hausmann, Deutsche Romanistik, 21, 406f., 552 - 555, 612, 617 - 620.

182 Dazu umfassend Lösch.

183 Zur Theologischen Fakultät vgl. Heiber II/2, 452, und Ludwig, „Die Berliner Theologische Fakultät". Die maßgeblichen Staats- und Parteistellen verfolgten 1936 - 39 das Ziel, die evangelisch-theologischen Fakultäten zu schließen bzw. zusammenzulegen. Nach Kriegsbeginn wurde der Plan jedoch fallengelassen, da man eine Konfrontation mit den Kirchen vermeiden wollte. Vgl. Eike Wolgast, „Nationalsozialistische Hochschulpolitik und die evangelisch-theologischen Fakultäten im Nationalsozialismus", in: Leonore Siegele-Wenschkewitz, Carsten Nicolaisen (Hg.), Theologische Fakultäten im Nationalsozialismus, Göttingen 1993, 45 - 79.

der Wissenschaften auf der jährlichen Tagung des Verbands Deutscher Akademien im April 1937 in Berlin noch versucht, zu einem Beschluß für ihre jüdischen Kollegen zu kommen. Von den 21 Mitgliedern der fünf „reichsdeutschen" Akademien Berlin, Göttingen, München, Leipzig und Heidelberg nahmen zwölf aktiv an dieser Aussprache teil, davon sieben aus Berlin: der Mathematiker Ludwig Bieberbach, der Anglist Alois Brandl, der Meteorologe Heinrich von Ficker, der Physiker Otto Hahn, der Indologe Heinrich Lüders, Max Vasmer und der Botaniker Fritz von Wettstein. Ihre Eingabe an das Reichserziehungsministerium, das zwei Monate zuvor zum Ausschluß „nichtarischer Mitglieder" aufgefordert hatte, hob taktisch auf das außenpolitische Problem ab, „daß jedes Vorgehen gegen nichtarische korrespondierende oder auswärtige Mitglieder im Auslande voraussichtlich zum Austritt der meisten ausländischen Mitglieder führen würde". Ebenso wäre bei einer Maßnahme gegen „die wenigen noch vorhandenen nichtarischen ordentlichen Mitglieder im Inlande" ein „Massenaustritt der korrespondierenden Mitglieder im Auslande zu befürchten". Die Eingabe blieb wirkungslos und wurde 1938 ohnehin durch die verschärfte Durchsetzung des „Reichsbürgergesetzes" überholt: Den Akademien blieb der förmliche Ausschluß ihrer jüdischen Mitglieder erspart, da diese selbst ihre Mitgliedschaften aufgeben mußten.[184]

Gleichwohl ist der Berliner Akademie in der Frage der Entlassung jüdischer Kollegen „bis 1938 hinhaltender Widerstand" zu bescheinigen.[185] Vasmer berichtet die einschneidenden Ereignisse

---

184 Vgl. Conrad Grau, „Die Wissenschaftsakademien in der deutschen Gesellschaft: Das ‚Kartell' von 1893 bis 1940", in: Eduard Seidler (Hg.), Leopoldina-Symposion Die Elite der Nation im Dritten Reich: Das Verhältnis von Akademien und ihrem wissenschaftlichen Umfeld zum Nationalsozialismus (9. bis 11. Juni 1994, Schweinfurt), Leipzig/Berlin/Heidelberg 1995, 31 - 53, hier 44 - 46.

185 Wolfgang J. Mommsen, „Wissenschaft, Krieg und die Berliner Akademie der Wissenschaften. Die Preußische Akademie der Wissenschaften in beiden Weltkriegen", in: Wolfram Fischer u.

(Bl. 26): Max Plancks persönliches, erfolgloses Vorsprechen bei Hitler 1933 für den Nobelpreisträger und Chemiker *Fritz Haber* (1868 - 1934), der noch im selben Jahr nach Cambridge emigrierte; für den Nobelpreisträger und Physiker *James Franck* (1882 - 1964), der 1933 öffentlich gegen die Entlassung jüdischer Kollegen protestierte, das Kaiser-Wilhelm-Institut verließ und nach Baltimore emigrierte; und für seine Schülerin *Lise Meitner* (1878 - 1968), seit 1914 Mitarbeiterin am Kaiser-Wilhelm-Institut für Chemie, 1922 Dozentin und ab 1926 Extraordinaria der Berliner Universität, der ihre Lehrbefugnis entzogen worden war. Ihr vermochten Otto Hahn und Max von Laue 1938 nur noch bei der Flucht aus Berlin ans Nobel-Institut nach Stockholm zu helfen.[186] Zuletzt verlor Planck auch seinen Sohn Erwin im Widerstand des 20. Juli 1944.[187]

Sein eigenes Vorsprechen 1933 im Reichserziehungsministerium für den Verbleib des russisch-jüdischen Philosophen Semën Frank mit Lehrauftrag an der Berliner Universität läßt Vasmer weg (Bl. 30). Er nennt nur Serings und von Dietzes Einspruch im NS-Kultusministerium gegen die neuen nationalsozialistischen Agrargesetze und deren siedlungspolitische Folgen (Bl. 26, s. Dekanate Bl. 11), wofür beide ab 1936 politische Konflikte in Kauf nahmen.[188]

---

a. (Hg.), Die Preußische Akademie der Wissenschaften zu Berlin 1914 - 1945, Berlin 2000, 3 - 23, hier 14.

186 Vgl. Ruth Lewin Sime, Lise Meitner. Ein Leben für die Physik. Biographie, Frankfurt a. M. 2001, 193f., 258 - 260. Nach dem Krieg bekannte sich ebenso exzeptionell wie Vasmer auch Max von Laue mitschuldig an den Verbrechen der NS-Zeit (206).

187 Erwin Planck (geb. 1893), bis Januar 1933 Staatsekretär im Reichskanzleramt, ab 1936 für einen Wirtschaftskonzern in Berlin tätig, wurde am 23.01.1945 hingerichtet, vgl. Astrid von Pufendorf, Die Plancks: eine Familie zwischen Patriotismus und Widerstand, Berlin 2006.

188 Vgl. Heiber I, 190; wenig deutlich Karl-Heinz Noack, Steffen Rückl, „Agrarökonomen der Berliner Universität 1933 - 1945. Von der Vertreibung unerwünschter Hochschullehrer bis zur Ausarbeitung

Gleich nach der Machtübernahme der Nationalsozialisten kam es aber über der „Einstein-Angelegenheit" zu einem ersten Sündenfall der Akademie, wie Vasmer auf einem gesonderten Blatt (Bl. 29) vermerkt. Als Pazifist und Linksdemokrat politisch eine Ausnahmefigur an der Akademie, hatte Einstein von Amerika aus in der Presse gegen den Beginn von Gewalt und Bedrückung in Deutschland protestiert. Er trat aus der Akademie aus und gab die deutsche Staatsbürgerschaft zurück. Der Jurist Heymann veröffentlichte daraufhin als ständiger Sekretar der Akademie ohne genaue Information des Plenums und in Abwesenheit von Planck und Max von Laue in der „Frankfurter Zeitung" des 2. April 1933 eine Erklärung, die schon nicht mehr zwischen NS-Regierung und deutschem Volk unterschied: Einstein habe sich an der „Greuelhetze" des Auslands gegen Deutschland beteiligt und deshalb bedauere die Akademie auch seinen Austritt nicht. Von Laue initiierte daraufhin ein Sonderplenum, dessen Sitzungsprotokoll festhielt, daß die Akademie Einsteins Austritt sehr wohl bedauere (Bl. 29). Dieser „Sündenfall" der Akademie ließ Planck in den Folgejahren „zu deutlich widerständigeren Positionen" finden.[189] 1938 forderte das Reichserziehungsministerium eine Satzungsänderung der Akademie im Sinne des nationalsozialistischen Führerprinzips. Im Dezember trat Planck als amtierender Sekretar zurück. Der vom Ministerium kommissarisch als Leiter eingesetzte Theodor

---

des ‚Generalplan Ost'", in: Rüdiger vom Bruch (Hg.), Die Berliner Universität in der NS-Zeit. Bd. II: Fachbereiche und Fakultäten, Stuttgart 2005, 73 - 91, hier 83.

189 Vgl. Dieter Hoffmann, „Das Verhältnis der Akademie zu Republik und Diktatur. Max Planck als Sekretar", in: Wolfram Fischer (Hg.), Die Preußische Akademie zu Berlin, 53 - 85, hier 69f. und 72; Wolfgang Hardtwig, „Die Preußische Akademie der Wissenschaften in der Weimarer Republik", in: ebd., 25 - 51, hier 47f. Lösch, 159, gibt Einsteins klarstellendes Antwortschreiben, das Heymann mit einer Erklärung im Namen der Akademie, Einstein sei den „Verleumdungen" Deutschlands im Ausland nicht entgegengetreten, am 13.04.1933 in der „Frankfurter Zeitung" publizierte.

Vahlen wurde aber von den Mitgliedern in der Wahl 1939 nicht bestätigt. Dennoch ernannte ihn das Ministerium zum Akademiepräsidenten. Der ebenfalls 1938 kommissarisch als Sekretar der Philosophisch-historischen Klasse eingesetzte Hermann Grapow wurde zum Vizepräsidenten ernannt. Nach Vahlens Ausscheiden 1943 fungierte Grapow – da absehbar war, daß er die Wahl zum Präsidenten nicht gewinnen würde, hatte Rust sie untersagt – von 1944 bis Kriegsende als „kommissarischer Leiter" (Bl. 26) der Akademie.[190]

Vasmers Schluß verdeutlicht, wie wenig aus seiner Binnensicht von Widerständigkeit der Professorenschaft die Rede sein kann. Er wiederholt das anfängliche Eingeständnis: „Es sind zweifellos von uns schwere Fehler gemacht worden" (Bl. 27). Aber er grenzt sich auch klar vom Konzept einer Kollektivschuld ab. Der Einzelne bleibt verantwortlich für sein Tun, und dann gilt eben auch, daß nicht jeder Deutsche für den Nationalsozialismus haftbar zu machen ist. Außerdem nimmt Vasmer die Politik des Auslands in die Mitverantwortung: „Die Nachgiebigkeit vieler ausländischer Staatsmänner" verhalf Hitler zu Erfolgen, wie sie andererseits einem Stresemann bei den Verhandlungen 1919 versagt geblieben waren (Bl. 27).

Von der Rolle der internationalen Beziehungen für eine lebbare europäische Gemeinschaft kommt Vasmer auf die fundamentale Bedeutung freien internationalen Austauschs für den Neuaufbau von Universität und Wissenschaft in Nachkriegsdeutschland. Die Mehrheit der Studenten habe Nachholbedarf, was die ausländische Forschung betreffe, sei aber am freien Zugang dazu unter „engherzige[r] Okkupationsgewalt" (Bl. 28) gehindert. Daraus entstünden neue unabsehbare Schäden. Vasmer verbindet seinen

---

190 Vgl. Wolfram Fischer, Rainer Hohlfeld, Peter Nötzoldt, „Die Berliner Akademie in Republik und Diktatur", in: Wolfram Fischer (Hg.), Die Preußische Akademie der Wissenschaften zu Berlin, 517 - 566, hier 561 - 564.

Appell an die ausländischen Kollegen, für die Wiederherstellung normaler Wissenschaftsbeziehungen zu wirken[191], mit der Bitte um Nachsicht gegenüber der jüngeren, durch Parteimitgliedschaft belasteten Generation. Mit seiner eigenen, wissenschaftlich schon vor 1933 etablierten Generation dagegen sei streng zu verfahren (Bl. 28).

Genau das tut seine differenzierende Charakterisierung der politischen Haltung einzelner Berliner Professoren im Nationalsozialismus auf zwei der Rede beigelegten Blättern. Auch damit widerspricht er einem entlastenden Diskurs von der Universität Berlin als etwaigem „Widerstandszentrum". Zu den wenigen „standhaften Professoren" (Bl. 25) zählt Vasmer neben den drei Physikern *von Laue, Planck* und *Hahn* die Chemiker *Volmer, Bodenstein* und *Schlenk*. Diesen hatte er bereits als einen jener Professoren genannt, die wegen ihrer loyalen Haltung zu jüdischen Kollegen verfolgt wurden (Bl. 16). Dasselbe gilt für Volmer[192] und Bodenstein.[193] Standhaft waren aus Vasmers Sicht außerdem der

191 Vielleicht schon unter dem Eindruck der Blockade-Politik des Sowjetischen Sektors in Berlin ab 24.06.1948, die Vasmer erneut Isolierung vom internationalen Wissenschaftsverkehr befürchten ließ.

192 Max Volmer (1885 - 1965), seit 1922 Ordinarius am Physikalisch-Chemischen Institut der Berliner Universität, wurde 1934 zum Mitglied der Akademie gewählt, aber aus politischen Gründen nicht bestätigt. 1943 bekam er ein Dienstverfahren wegen Unterstützung seines ehemaligen jüdischen Assistenten Heinz Briske. 1946 wurde er rückwirkend in die Akademie aufgenommen, aber schon 1945 mit Gustav Hertz und anderen zur Atomforschung nach Moskau verbracht, von wo er erst 1955 an die Humboldt-Universität zurückkehrte. Vgl. Deichmann, Flüchten, 80, 90f.

193 Max Bodenstein (1871 - 1942), seit 1923 Ordinarius der Berliner Universität und seit 1925 Akademiemitglied, hielt 1934 an der Akademie die Gedächtnisrede auf den in der Vertreibung gestorbenen jüdischen Kollegen Fritz Haber. Bis zu seiner Emeritierung 1935 beschäftigte Bodenstein an seinem Institut weiter die jüdischen Mitarbeiter Hans Beutler und Kurt Wohl. 1939 nahm er seine

Theologe *Deißmann*[194], die Historiker *Meinecke* und *Holtzmann*, die Nationalökonomen *von Dietze* und *Sering*[195], der Sinologe *Haenisch*, die Ägyptologen *Sethe*[196] und *Erman*[197], die Germanisten *Arthur Hübner* und *Hans Kuhn*, der Afrikanist *Westermann*[198] und

---

Vorlesungstätigkeit wieder auf. Vgl. Heiber I, 216; Deichmann, Flüchten, 63, 80, 82.

194 Gustav Adolf Deißmann (1866 - 1937), 1908 - 35 Ordinarius der Berliner Universität, 1930/31 deren Rektor (s. Bl. 4), engagierte sich seit 1918 in der ökumenischen Bewegung, wurde zur Preußischen Generalsynode delegiert, zu evangelischen Kirchentagen und zu Weltkirchenkonferenzen entsandt.

195 S. Bl. 10. Max Sering (1857 - 1939), 1897 - 1925 Staats- und Agrarwissenschaftler an der Berliner Universität, gründete 1921 das Forschungsinstitut für Agrar- und Siedlungswesen in Berlin. 1933 kritisierte er mit seinem Schüler Constantin von Dietze die bereits kriegsvorbereitende NS-Agrargesetzgebung, das „Reichserbhofgesetz“. Wegen „liberalistischer“ Tendenzen wurden Serings Schriften zeitweilig nicht verlegt. Da er jüdische Großeltern hatte, entzog ihm das REM im Februar 1936 die Lehrbefugnis. Sering protestierte unter Hinweis auf seine Auszeichnung mit dem Adlerschild des Deutschen Reiches 1933 durch Hindenburg. Daraufhin mußte Rektor Krüger ihm im März 1936 die Lehrbefugnis wieder zuerteilen. Dazu noch sehr vorläufig Noack, Rückl, „Agrarökonomen der Berliner Universität“, 83.

196 Kurt Sethe (1869 - 1934) erhielt 1923 den Lehrstuhl seines einstigen Doktorvaters Adolf Erman an der Universität Berlin und wurde 1932 Akademiemitglied.

197 Adolf Erman (1854 - 1937), ab 1885 ao. Professor der Universität Berlin und Direktor des Ägyptischen Museums, initiierte den Aufbau des Wörterbuchs der ägyptischen Sprache (1926 - 1931), an dem auch Sethe und Grapow beteiligt waren. Obgleich als Haupt der Berliner Ägyptologischen Schule weltweit anerkannt, erhielt der „Vierteljude“ ab 1934 Lehrverbot.

198 Diedrich Westermann (1875 - 1956), Afrikanist und Sprachwissenschaftler, 1921 deutscher Direktor des International Institute of African Languages and Cultures in London, war 1925 - 45 Ordinarius der Universität Berlin. Außer der Hilfe zur Rettung der Krakauer Dozenten setzte sich Westermann für seine Assistentin U. Feyer ein (s. Bl. 20) und für seinen Lektor Bonifatius Foli aus Togo (1876/77 - 1947), einen Ewe-Prinzen aus Togo, der seit 1926 als Hilfskraft am Seminar für Orientalische Sprachen und ab 1939 als

der Anglist *Schirmer*.[199] Zu ihrer Taktik, „Verwirrung“ gegenüber den Nationalsozialisten in Universität und Ministerium zu stiften, gehörte u. a., in Gutachten ihren zuverlässigen Schülern eine vermeintlich „'nationale' Einstellung“ (Bl. 25) zu bescheinigen.[200] Ihnen zur Seite stellt Vasmer drei seiner ehemaligen Leipziger Kollegen: den Anglisten *Levin Ludwig Schücking*[201], den

---

apl. Lektor an der Ausland-Hochschule bzw. ab 1940 an der Auslandswissenschaftlichen Fakultät beschäftigt war. Vgl. Holger Stoecker, „Afrikanistische Lehre und Forschung in Berlin 1919 - 1945“, in Jahrbuch für Universitätsgeschichte 7/2004, 101 - 128, hier 117 - 120; ders., Afrikawissenschaften in Berlin von 1919 bis 1945. Zur Geschichte und Topographie eines wissenschaftlichen Netzwerkes, Stuttgart 2007.

199 Walter Schirmer (1888 - 1984), ab 1932 Professor der Universität Berlin, blieb dem NS gegenüber distanziert. Anfeindungen zum Trotz wurde er 1943 auf Vorschlag von Schwietering, Vasmer und Hartung Akademiemitglied. Vgl. Hausmann, Anglistik und Amerikanistik, 167, 74.

200 Das wiederum stiftete Verwirrung in der Wissenschaftshistoriographie, wenn solche Dokumente des Lavierens nicht im Gesamtkontext von Werk und Persönlichkeit der betreffenden Wissenschaftler gelesen, sondern kurzerhand als aktives Befürworten des NS gewertet wurden.

201 Levin L. Schücking (1878 - 1964), Anglist und Literatursoziologe, ab 1925 Ordinarius der Universität Leipzig. Als Linksliberaler und Pazifist, der sich 1930 auch für Gumbel in Heidelberg eingesetzt hatte, war Schücking während des NS politischen Repressalien ausgesetzt. Das Dresdener Ministerium für Volksbildung beabsichtigte 1933 seine Entlassung, ließ aber davon ab nach Protest der Leipziger Philologischen Fakultät und mit Rücksicht auf Schückings internationales Ansehen. Er wurde aus allen Fakultätskommissionen entfernt und nicht mehr zu Prüfungen zugelassen. Ab 1942 ohne Gehalt, wurde er 1944 emeritiert. Vgl. Ulf Morgenstern, Anglistik an der Universität Leipzig. Das Englische Seminar in Kaiserreich, Weimarer Republik und Drittem Reich 1891 - 1945, Leipzig 2006, 90 - 134; Levin L. Schücking, Selbstbildnis und dichterisches Schaffen. Aus dem Nachlaß hg. und komm. von Ulf Morgenstern, Bielefeld 2008. Das hier erstmals edierte „Selbstbildnis“ mit dem relativ knappen Kapitel über die Universität Leipzig im NS, „Der Staat in Verbrecherhänden“ (345 - 353), schrieb Schücking

Altgermanisten und Sprachwissenschaftler *Theodor Frings*[202] und den Pädagogen *Theodor Litt.*[203]

„Zu still" dagegen blieben der Berliner Pädagoge *Eduard Spranger*[204] und der Philosoph *Nicolai Hartmann*[205] (Bl. 25), die 1933 zunächst

---

1945/46. Die geplante Publikation kam nicht zustande, nur eine Teilveröffentlichung in Anglia 76/1958, 1 - 26.

202 Theodor Frings (1886 - 1968), 1927 - 57 Ordinarius für Germanistik an der Universität Leipzig, 1930 Mitglied und 1946 - 68 Präsident der Sächsischen Akademie der Wissenschaften, legte 1937 sein Amt als Sekretar der Philosophisch-historischen Klasse im Zusammenhang mit dem Ausschluß des Ägyptologen Steindorff nieder. 1952 - 64 war Frings Direktor des Instituts für Deutsche Sprache und Literatur der Deutschen Akademie der Wissenschaften in Berlin. Vgl. König, Bd. 1, 528 - 531.

203 Theodor Litt (1880 - 1962), Mitglied der Leipziger Schule für Sozialphilosophie, war 1920 - 37 Ordinarius für Philosophie und Pädagogik der Universität Leipzig, 1931/32 deren Rektor. 1927 erschien Litts Buch „Führen oder Wachsenlassen", das in der Folge zu Konflikten mit den Nationalsozialisten führte. 1934 wurden seine Vorlesungen gestört, 1936 erhielt er Vortragsverbot, 1937 forderte er seine vorzeitige Versetzung in den Ruhestand. 1938 erschien „Der deutsche Geist und das Christentum" mit einer Kritik an Alfred Rosenbergs „Der Mythos des 20. Jahrhunderts". 1944 erhielt Litt Vortragsverbot an der Sächsischen Akademie der Wissenschaften. 1945 beteiligt er sich an der Reform der Universität Leipzig, wo er ab 1946 wieder lehrte. Nach Konflikten mit der SED wechselte er 1947 an die Universität Bonn.

204 Eduard Spranger (1882 - 1963), 1920 - 45 Ordinarius der Universität Berlin, legte 1933 für kurze Zeit sein Lehramt nieder (vgl. Bl. 3). 1934 - 44 Mitglied der Berliner Mittwochs-Gesellschaft, war er 1944 sieben Wochen in Gestapo-Haft. Ab 1946 lehrte er an der Universität Tübingen.

205 Nicolai Hartmann (1882 - 1950), 1931 - 45 Ordinarius der Universität Berlin, erhob 1933 noch „systematischen Einspruch" gegen den Führerkult. Die NS-Zeit über arbeitete er dann an den drei Büchern seiner neuen Ontologie: „Zur Grundlegung der Ontologie" (1935), „Möglichkeit und Wirklichkeit" (1938), „Der Aufbau der realen Welt" (1940), sowie der Einleitung dazu: „Neue Wege der Ontologie" (1942); „heute weithin als naiv gekennzeichnet", da sie die Dialektik zwischen Geist und Körper zu wenig beachtet (Walter Schulz, Subjektivität im nachmetaphysischen Zeitalter, Pfullingen 1992,

noch Protest erhoben hatten. „Zu wenig widerstandsfähig“ (Bl. 31) war aus Vasmers Sicht der Germanist *Julius Petersen*[206]; zu „ängstlich“ waren der Germanist *Julius Schwietering*[207], der Romanist *Ernst Gamillscheg*[208] und der Geophysiker *Albert Defant*[209]. Die Mehrheit war nichts als „indifferent“. Zur Gruppe „einige[r] Rechtsstehende[r]“, die anfänglich noch „etwas ‚Gutes'“ vom Nationalsozialismus erhofften (Bl. 31, s. auch Bl. 2), zählt er den

---

151). Im „Kriegseinsatz der Geisteswissenschaften“ war Hartmann Hg. des Sammelwerkes „Systematische Philosophie“, Stuttgart 1942. Ab 1946 lehrte er in Göttingen. Vgl. Volker Gerhardt, Reinhard Mehring, Jana Rindert, Berliner Geist. Eine Geschichte der Berliner Universitätsphilosophie bis 1946, Berlin 1999, 254 - 257, 292 und 312 - 314.

206 Julius Petersen (1878 - 1941), 1920 - 41 Ordinarius für Neuere deutsche Literaturgeschichte der Berliner Universität und Direktor des Germanischen Seminars, seit 1922 Mitglied der Akademie und seit 1923 der Berliner Mittwochs-Gesellschaft. 1934 - 1941 gab er mit Hermann Pongs die Zeitschrift „Euphorion“ heraus, 1934 umbenannt in „Dichtung und Volkstum“. In deren 1. Heft 1934 publizierte Petersen den Aufsatz „Die Sehnsucht nach dem Dritten Reich in deutscher Sage und Dichtung“. Er stellte sich fachlich in den Dienst des NS, schützte aber auch jüdische Kollegen vor Verfolgung. Vgl. Chr. König, Bd. 2, 1385 - 1388; Höppner, 87f., 94, 96.

207 Julius Schwietering (1884 - 1962), 1938 - 45 Ordinarius der Berliner Universität (Nachfolge A. Hübner) und Leiter der Altdeutschen Abteilung des Germanischen Seminars. Ab 1939 Akademiemitglied, leitete Schwietering u. a. die Arbeitsstelle „Deutsches Wörterbuch“. 1946 - 52 lehrte er in Frankfurt a. M., danach in den USA. Vgl. Chr. König, Bd. 3, 1694 - 1696; Höppner, 91f.

208 Ernst Gamillscheg (1887 - 1971), Sprachwissenschaftler mit Schwerpunkt Sprachgeographie („Landnahmeforschung“), war 1926 - 47 Ordinarius der Berliner Universität. Ohne der NSDAP beizutreten, war er regimefreundlich gesonnen (s. Bl. 24). 1936 wurde er Akademiemitglied, 1946 aus der Mitgliederliste gestrichen. Danach lehrte er in Tübingen. Vgl. F.-R. Hausmann, Deutsche Romanistik.

209 Albert Defant (1884 - 1974), 1927 - 45 Ordinarius der Berliner Universität, Direktor des Instituts und Museums für Geophysik. Näheres nicht ermittelt.

Zoologen *Richard Hesse*[210], den Geographen *Norbert Krebs*[211], den Theologen *Hans Lietzmann*[212], der dann öffentlich gegen den Arierparagraphen auftrat, Mitglied der Bekennenden Kirche wurde und mit Johannes Popitz Pläne für eine Hochschulreform nach dem Sturz Hitlers besprach; außerdem die Altphilologen *Ludwig*

---

210 Richard Hesse (1868 - 1944), 1909 Professor der Landwirtschaftlichen Hochschule Berlin, 1926 - 35 Ordinarius der Berliner Universität, 1926 Akademiemitglied. Ende März 1935 emeritiert.

211 Norbert Krebs (1876 - 1947), 1927 - 43 Ordinarius der Berliner Universität, 1934 Akademiemitglied, publizierte 1929 die Studie „Deutschland und Deutschlands Grenzen", die Böhmen und Mähren als deutsche Gebiete begreift, gab 1934 mit A. Penck und A. Brackmann den „Atlas des deutschen Lebensraumes in Mitteleuropa" heraus und 1940 die Studie „Die Grenzen Osteuropas", die mit den territorialen Erklärungen des Hitler-Stalin-Paktes konvergiert. 1946 nahm er die Lehre an der Berliner Universität wieder auf. Vgl. Fahlbusch, Wissenschaft im Dienst, 159, 236, 240.

212 Hans Lietzmann (1875 - 1942), Kirchenhistoriker, ab 1923 Ordinarius der Berliner Universität, 1924 - 42 Mitglied der Berliner Mittwochs-Gesellschaft, ab 1927 der Akademie. 1932 Wiedereintritt in die DNVP. 1933 öffentlicher Protest gegen den Arierparagraphen, 1934 Mitglied der Bekennenden Kirche, Einsatz zur Befreiung jüdischer Kollegen. Vgl. Biographisch-Bibliographisches Kirchenlexikon, Bd. V, Herzberg 1993, Sp. 46 - 54.

Deubner (s. Bl. 6) und *Johannes Stroux*[213] sowie die Historiker *Fritz Hartung*[214] und – *Albert Brackmann*.[215]
Diese Zuordnung der zentralen Figur des „Abwehrkampfes" gegen Polen dokumentiert eine erstaunliche Fehleinschätzung, auch im Hinblick auf Vasmers eigene Erfahrungen mit Brackmanns Mitarbeitern (s. Bl. 23). Bei Gründung der Publikationsstelle Dahlem 1932 und der Nord- und Ostdeutschen Forschungsgemeinschaft

---

213 Mit Fragezeichen, Bl. 31: Johannes Stroux (1886 - 1954), 1935 - 54 Ordinarius der Berliner Universität (Nachfolge E. Norden), 1935 Direktor des Instituts für Altertumskunde. 1937 Mitglied der Akademie und der Mittwochs-Gesellschaft. 1946 - 47 Rektor der Humboldt-Universität. 1946 - 51 Präsident, 1951 Vizepräsident der Akademie der Wissenschaften der DDR. Vgl. Sören Flachovsky, „Neuaufbau und Wiederbeginn. Der Wissenschaftsorganisator Johannes Stroux an der Berliner Universität 1945 - 1947", in: Jahrbuch für Universitätsgeschichte 7/2004, 191 - 214, besonders 199f.

214 Fritz Hartung (1883 - 1967), Verfassungs- und Verwaltungshistoriker, 1917 - 18 Mitglied der Freikonservativen Partei, war 1923 - 48 Ordinarius der Berliner Universität, 1932 - 34 Dekan (s. Bl. 11), 1939 Akademiemitglied. 1945/46 war er erneut Dekan der Berliner Universität, 1945 - 52 Sekretar der Philosophisch-historischen Klasse der Akademie. 1948 emeritiert, legte Hartung 1953 seine Funktionen in der Deutschen Akademie der Wissenschaften nieder, blieb aber ihr Mitglied.

215 Albert Brackmann (1871 - 1952), 1918 - 25 Mitglied der DVP, 1925 der DNVP, war 1922 - 29 Ordinarius der Universität Berlin, ab 1925 Akademiemitglied, ab 1928 Mitherausgeber der „Historischen Zeitschrift", 1929 - 36 Generaldirektor der Preußischen Staatsarchive und 1929 - 45 Honorarprofessor der Berliner Universität. Die von ihm gegründete „Publikationsstelle" im Geheimen Staatsarchiv Berlin-Dahlem betrieb volkstumspolitische „Ostforschung". Die von ihm geleitete NOFG arbeitete der deutschen Großraumpolitik zu. 1936 wurde er in den Ruhestand versetzt. Er war danach Mitarbeiter im SS-Ahnenerbe und im Oktober 1939 Mitautor einer Denkschrift der „Publikationsstelle" zur „Eindeutschung Polens und Westpreußens". 1941 erhielt er den „Adlerschild des Deutschen Reiches". Vgl. Klee, 69; Grüttner, Biograph. Lexikon, 27; Fahlbusch, Wissenschaft im Dienst; Wolfgang J. Mommsen, „Wissenschaft, Krieg und die Berliner Akademie", 18; zu Vasmers Konflikt mit Brackmann 1935/37 vgl. Bott, „Deutsche Slavistik", 288.

1933 durch Brackmann war Vasmer beteiligt. Spätestens 1935 aber, als man ihn nicht mehr zu Tagungen der NOFG einlud und seine Anträge auf Forschungs- und Publikationsförderung zurückwies[216], mußte ihm klarwerden, daß Brackmann zum Vertreter einer „Ostforschung“ und Volkstumspolitik im Dienst des Nationalsozialismus geworden war, die eigenständige wissenschaftliche Positionen wie die Vasmers, seines Schülers Paul Wirth, seiner Kollegen Trautmann, H. F. Schmid oder Hoetzsch ausgrenzte. So bescheinigte Brackmann Vasmer 1937 auch, daß er die rudimentären Polnischkenntnisse des Historikers Johannes Papritz, Leiter der Publikationsstelle und Herausgeber ihrer Zeitschrift „Jomsburg“, jeder slavistischen Fachbildung vorziehe. Er brauche „in erster Linie politisch denkende Historiker“, die den „Sonderaufgaben“ des „politischen Geschehens an der deutschen Grenzmark und der Entwicklung des Deutschtums in den Nachbarstaaten im Zusammenhange der deutschen Gesamtentwicklung“ gewachsen seien.[217] Offenbar änderte dies alles aber nichts an Vasmers Akzeptanz von Brackmann oder Krebs als Vertretern eines deutschnationalen Gelehrtentyps.[218]

---

216 Vgl. die Anträge auf Publikationsbeihilfe für die sorbische Flurnamensammlung, BArch, R 153/1494, Vasmer an Brackmann, 29.07.1935; oder zur polnischen Geistesgeschichte, BArch, R 153/1310, Vasmer an Brackmann, 13.03.1936.

217 GStA, HA I, Rep. 92, NL Brackmann, Nr. 82, Bl. 318 - 319: Brackmann an Vasmer, 19.05.1937. Daß Brackmanns NOFG ab 1937 zunehmend in die Konkurrenz mit NS-Gründungen wie dem Bund deutscher Osten, dem Amt Rosenberg oder dem Wannsee-Institut, nach Kriegsbeginn mit dem Institut für Deutsche Ostarbeit 1940 in Krakau oder der Reinhard-Heydrich-Stiftung 1942 in Prag geriet und von diesen radikal überholt wurde, ändert nichts an der wissenschaftlichen Legitimation nationalsozialistischer Volkstums- und Ostpolitik durch die NOFG; vgl. Mühle, Für Volk und deutschen Osten, 328, 337 u. ö.

218 Daß Brackmann nicht als Parteigänger der NSDAP galt, bestätigt eine Anfrage des Münchner Reichsdozentenbundführers vom 12.01.1938 an NS-Dozentenbundführer Landt, Berlin. Da Brackmann „bis zum März 1933 ein ausgesprochener Demokrat war und sich besonders

Ebenso erstaunlich ist, daß der Name des Agrarwissenschaftlers Konrad Meyer (1901 - 1973), seit 1934 Ordinarius für Ackerbau und Landbaupolitik an der Berliner Universität, in Vasmers Rechenschaftsbericht über die NS-Zeit nicht fällt. Was wußten Wissenschaftler von den politischen Großprojekten ihrer Kollegen? Blieben sie innerhalb der Universität unter Verschluß oder firmierten sie hier unter anderem Namen? Meyer hatte seinen „Generalplan Ost" in Form zweier Denkschriften im Februar 1940 und im Mai 1942 Heinrich Himmler, dem „Reichskommissar für die Festigung deutschen Volkstums", vorgelegt und die Deutsche Forschungsgemeinschaft hatte für das kriegswichtige Projekt eine halbe Million Reichsmark bewilligt. Da Meyer im Juni 1940 an der Akademie eine Festrede über „Bodenordnung als volkspolitische Aufgabe und Zielsetzung nationalsozialistischen Ordnungswillens" hielt[219], war Vasmer vermutlich über das

---

der persönlichen Freundschaft des roten Ministerpräsidenten von Preussen, Braun, rühmte", wird eine aktuelle Beurteilung erbeten (UA HU, NS-Dozentenschaft, A. Brackmann Nr. 42, Bl. 12). Landt gutachtet am 20.01.1938: Politisch gehörte Brackmann „bis zum März 1933 zu den liberalen Kreisen, die mit ihrer nationalen Gesinnung die persönliche Freundschaft Otto Brauns vereinbaren zu können glaubten". 1933 habe ihn nicht zum „bewußten Bekenner der nationalsozialistischen Gedankenwelt" gewandelt. Aber er besitze noch immer gute Beziehungen zu Ministerialbeamten, weshalb er „nach wie vor zu bedeutsamen politisch-wissenschaftlichen Aufgaben herangezogen" werde. Er trage „nach Außen gerne ein nationalsozialistisches Gehabe und Bekenntnis zur Schau", „seine politische Zuverlässigkeit" sei jedoch zweifelhaft (Bl. 11).

219 Vgl. Wolfgang J. Mommsen, „Wissenschaft, Krieg und die Berliner Akademie", 18f.; ders., „Vom ‚Volkstumskampf' zur nationalsozialistischen Vernichtungspolitik in Osteuropa. Zur Rolle der deutschen Historiker unter dem Nationalsozialismus", in: Winfried Schulze u. a. (Hg.), Deutsche Historiker im Nationalsozialismus, Frankfurt a. M. 1999, 183 - 214; Götz Aly, Susanne Heim, Vordenker der Vernichtung. Auschwitz und die deutschen Pläne für eine neue europäische Ordnung, Frankfurt a. M. 2004.

Forschungsprojekt informiert[220], ohne die Konsequenzen der praktischen Umsetzung abzusehen.
Unter den NSDAP-Mitgliedern der Professorenschaft fand Vasmer nur wenige „Anständige“, die ihre Parteimitgliedschaft zum Nutzen verfolgter Kollegen oder wissenschaftlicher Belange einzusetzen bereit waren (die vergebens erwarteten „Wunder“, Bl. 25). Als den Besten von ihnen hebt er den „standhaften“ Germanisten *Hans Kuhn* neben dem Mineralogen *Paul Ramdohr*[221] hervor. Der Historiker Hoppe und der Ägyptologe Grapow dagegen „schwenkten um“ und besetzten hohe Ämter an Universität und Akademie im Nationalsozialismus. Für „unwürdig“ (Bl. 31) galten Vasmer außer dem Rassenanthropologen Fischer (Bl. 5) von seiner eigenen Fakultät der Archäologe Rodenwaldt und der Iranist *Schaeder*, beides keine Parteimitglieder.
Vasmers scharfes Urteil über *Gerhart Rodenwaldt*, für dessen Verhalten 1933 er noch Verständnis zeigte (s. Bl. 6), wäre nur nachvollziehbar, wenn Rodenwaldt in späteren Publikationen seine Wissenschaft nationalsozialistisch umkodiert hätte oder es auf dem Gebiet der Altertumskunde während der NS-Zeit zu einem Konflikt gekommen wäre. Dafür gibt es in Rodenwaldts Publikationen aber keine Anhaltspunkte.
Im März 1933 kam es zunächst noch zu einer gemeinsamen Adresse an Rektor Kohlrausch. Lietzmann, Spranger, Rodenwaldt, Vasmer, der Mathematiker Erhard Schmidt und der Nationalökonom Ludwig Bernhard baten den Rektor noch vor Rusts Brandrede Anfang Mai, zu Semesterbeginn eine feierliche Versammlung von Professoren und Studenten abzuhalten, um „zum Ausdruck zu bringen, daß wir die Wandlung, die sich

---

220 K. Meyers Festrede erschien in: Jahrbuch der Preußischen Akademie der Wissenschaften, Jg. 1940, Berlin 1941, 191 - 209.

221 Paul Ramdohr (1890 - 1985), seit 1934 Ordinarius der Berliner Universität, 1937 Akademiemitglied. 1951 - 58 Ordinarius in Heidelberg, 1951 Mitglied der Heidelberger Akademie der Wissenschaften.

soeben in unserem Staate vollzieht, in tiefster Seele miterleben." Die Schlußworte deuten darauf hin, daß damit nicht nur nationale Gesinnung demonstriert, sondern auch eine Befriedung der schweren Konflikte zwischen radikalisierter Studentenschaft und Professoren seit dem Sommer 1932[222] erreicht werden sollte: „Eine solche Veranstaltung ist nicht eine dem Charakter der Universität widerstrebende parteipolitische Handlungsweise; vielmehr ist sie Pflicht einer Körperschaft, welche Anspruch darauf erhebt, am staatlichen Leben selbständig teilzunehmen, mit den Studenten in einer innigen Gemeinschaft zu sein und das Heil der Nation über alles zu stellen."[223] Schon einen Monat später sollte Spranger aus Protest gegen nationalsozialistische Maßnahmen an der Universität sein Amt niederlegen. Lietzmann fand ebenso wie Vasmer zu einer kritischen Haltung gegenüber der NS-Regierung und trat 1934 der Bekennenden Kirche bei. Der Hugenberg-Anhänger Bernhard starb 1935.[224] Und Schmidt, dem preußischen Staat und nationalen Gedanken eng verbunden, fand für seine Haltung im Nationalsozialismus unter den Kollegen im Exil Respekt.[225] Vasmer agierte hier also mit aus einer

222 Vgl. Lösch, 13; Tenorth, 574.

223 DAI Berlin, NL Rodenwaldt, Kasten 6: H. Lietzmann, L. Bernhard, G. Rodenwaldt, E. Spranger, M. Vasmer, E. Schmidt an den Rektor der Universität Berlin, „März 1933".

224 Zu Ludwig Bernhard (1875 - 1935), seit 1908 gegen den Willen der Fakultät, insbesondere der Nationalökonomen Sering, Schmoller und Wagner (der „Fall Bernhard" 1910/11), Ordinarius der Berliner Universität, vgl. Rüdiger vom Bruch, „Max Webers Landarbeiterenquete neu besichtigt" (1995), in: ders., Gelehrtenpolitik, Sozialwissenschaften und akademische Diskurse in Deutschland im 19. und 20. Jahrhundert, hg. von Björn Hofmeister und Hans-Christoph Liess, Stuttgart 2006, 222 - 229, hier 227ff.

225 Erhard Schmidt (1876 - 1959), 1917 - 50 Ordinarius der Berliner Universität, Mitbegründer des Instituts für angewandte Mathematik 1918, Dekan 1921/22 und Rektor 1929/30, erlebte 1933 die Vertreibung seiner Kollegen I. Schur, R. von Mises, A. und R. Bauer und H. Freudenthal. Auf die Worte Freudenthals zu seinem 75. Geburtstag 1951, er sei in jenen Jahren ein „ehrlicher Mann" geblieben, erwiderte

nationalkonservativen Gruppe der Professorenschaft heraus[226], die im April 1933 auch die ambivalente Adresse des Verbandes der Deutschen Hochschulen formulierte: Einerseits begrüßte man „die Wiedergeburt des Deutschen Volkes", den „Aufstieg des neuen Deutschen Reiches" und bejahte eine Stärkung des „gemeinsamen nationalen Willens". Andererseits wollte man die tradierte „Selbstverwaltung" der Universität verteidigen und sich gegen eine Politisierung verwahren, „die eine Verengung auf Sonderanschauungen bedeutet".[227] Solche Balanceakte brachen einen Monat später unter der Diktatur des Rust-Ministeriums und der NS-Studentenschaft erfolglos ein.

Rodenwaldt legte 1933 eine Zitatenliste „Hitler über die Antike" an, die er für öffentliche Reden und Schreiben nutzte, um die Klassische Archäologie und Altertumswissenschaft gegenüber der Germanenforschung zu behaupten, an die sie ihr traditionelles Bildungsmonopol zu verlieren drohte. So hat Rodenwaldt die Renaissance von Winckelmanns Griechenideal, bei gleichzeitiger Entpolitisierung von dessen Freiheitsbegriff, im Vorfeld der

---

Schmidt: „Ich liebte eben meine Schüler. Genau dasselbe gilt auch für die Universität als Ganzes. Ich liebe die Berliner Universität, ob sie sich nun in glücklicher Lage befindet oder nicht". 1946 - 58 war er Direktor des Forschungsinstituts für Mathematik an der Deutschen Akademie der Wissenschaften. Vgl. Hellmut Baumgärtel, „Erhard Schmidt, John von Neumann", in: H. G. W. Begehr u. a. (Hg.), Mathematics in Berlin, Berlin, Basel, Boston 1998, 97 - 104, hier 97f.; zu kritischen Stimmen über E. Schmidt im NS, 99.

226 In einer „Charakteristik" Vasmers aus der Zentralverwaltung für Volksbildung vom 23.04.1948, gez. „Chef der Personalabteilung", heißt es: „Prof. Vasmer hat nie einer politischen Partei angehört. Seine politische Einstellung vor 1933 entsprach ungefähr der der Hugenberg-Richtung in der Deutsch-Nationalen Volkspartei. Seine Liebe galt immer mehr dem alten als dem neuen Rußland. Aber auch für Hitler hat er wenig Sympathien gezeigt" (BArch Berlin, Z B II 1995 A 2). Die Charakteristik ignoriert Vasmers politische Entwicklung nach 1933 bzw. reduziert auf „Verweise".

227 Vgl. dazu Tenorth, 574ff.; Lundgreen, Hochschulpolitik, 10.

Olympiade 1936 wesentlich mit befördert.[228] Im April 1934 verfaßte er eine „Ergebenheitsadresse der deutschen Archäologie an den nationalsozialistischen Staat", in der das Fach gelobte, „nach der nationalen Revolution" seine Kräfte „in den Dienst der allgemeinen deutschen Volkserziehung zu stellen". Dabei wurde der Nationalsozialismus als Renaissance der klassischen Antike gedeutet und Winckelmann avancierte zum „Symbol für die Sehnsucht des nordischen Volkstums nach Ergänzung und Befruchtung durch die Kultur der artverwandten Völker", wie Rodenwaldt in rhetorisch vollständiger Selbstgleichschaltung formulierte.[229]

1929 hatte Rodenwaldt mit dem rußlanderfahrenen Marburger Prähistoriker von Merhart (s. Bl. 18) über die Voraussetzungen für eine deutsch-sowjetische Zusammenarbeit bei geplanten Ausgrabungen auf der Krim und in Georgien korrespondiert.[230]

---

228 Vgl. Esther Sophia Sünderhauf, Griechensehnsucht und Kulturkritik. Die deutsche Rezeption von Winckelmanns Antikenideal 1840 - 1945, Berlin 2004 (phil. Diss. HU 2002), 308 - 319, ohne Anhaltspunkte für Vasmers Urteil (Dokumente des Bundesarchivs oder Slavia des NL Rodenwaldt wurden nicht ausgewertet). Für Sünderhauf ist der parteilose Rodenwaldt Repräsentant der „Selbstgleichschaltung der Altertumswissenschaften" im NS (308), obgleich seine Fachpublikationen keine völkische oder rassistische Umkodierung aufweisen. Die erfolgreiche Funktionalisierung von Winckelmann zur Behauptung des Bildungsmonopols der Klassischen Altertumswissenschaften interpretiert Sünderhauf als Legitimierung des NS-Staates (319). Die auf Rodenwaldts Initiative erfolgte Umbenennung des Archäologischen Seminars der Berliner Universität in „Winckelmann-Institut", vom REM bestätigt am 19. Mai 1941, kurz nach der Okkupation Griechenlands durch die deutsche Wehrmacht, deutet Sünderhauf als Legitimierung des deutschen Griechenlandfeldzuges durch Rodenwaldt (347).

229 Ebd., 317.

230 Ebd., Kasten 7, Mappe 18: Projekt zur Erforschung der „älteren Goten" und der „Völkerbewegungen" in frühgeschichtlicher Zeit, das K. Griewank von der Notgemeinschaft der Deutschen Wissenschaften aufbrachte.

Kurz nach Kriegsbeginn und Abschluß des deutsch-sowjetischen Nichtangriffspaktes forderte Akademiepräsident Vahlen ihn im Dezember 1939 auf, über die bisherigen „deutsch-russischen wissenschaftlichen Beziehungen“ auf seinem Gebiet zu berichten. Rodenwaldt schrieb, er habe 1922 - 32 „auf Wunsch des Auswärtigen Amtes als Leiter des Archäologischen Reichsinstitutes“ den Kontakt zu den russischen Fachkollegen aufgenommen und organisiert. Dabei war sein wichtigster Ansprechpartner „der Volksdeutsche“ Oskar Waldhauer, Direktor der Antikensammlung der Leningrader Eremitage. Auf deutscher Seite wollte man genaue Kenntnis vom Bearbeitungsstand der „nur zum Teil und unzulänglich veröffentlichten Materialien der russischen Museen und Ausgrabungsstätten“ gewinnen und „die volksdeutschen Fachgenossen in Russland durch diese Verbindungen (...) stützen“, indem man sie zu Vorträgen und Studienaufenthalten nach Deutschland einlud. 1926 reiste Rodenwaldt „auf Einladung des russischen Unterrichtsministeriums“ nach Leningrad und Moskau, um die Art der Zusammenarbeit zu besprechen. Mit Theodor Wiegand gab er dann fünf Bände „Archäologische Mitteilungen aus Rußland“ heraus und entsandte „deutsche Gelehrte zu Ausgrabungen in Russland“. In der Folge wurde er zum korrespondierenden Mitglied der Akademie für Geschichte der materiellen Kultur und zum Ehrenmitglied des Russischen Reichsinstituts für Kunstgeschichte in Leningrad ernannt. Doch „schon vor dem Jahre 1933“ schränkte er die Beziehungen ein, da „die Verbindung mit Deutschland für die russischen Gelehrten eine Gefährdung bedeutete“. 1933 wurden sie abgebrochen. „Die letzte lose Beziehung erlosch 1935 mit dem im Januar 1935 erfolgten Tode des volksdeutschen Waldhauer“. Eine Wiederaufnahme der Wissenschaftsbeziehungen unter Führung des Archäologischen Reichsinstituts schien Rodenwaldt aber sehr wünschenswert „angesichts des Umfanges und der Bedeutung des in Russland befindlichen Materials, insbesondere der Funde aus Südrussland und dem Kaukasus".[231] Im Juli 1942 teilte dann Martin Schede als neuer Präsident des Archäologischen Reichsinstitutes der Zentralstelle zur Erfassung und Bergung von Kulturgütern in den besetzten Ostgebieten mit Abschrift an Rodenwaldt mit, das Institut habe speziell Interesse am südrussischen Küstenland als dem Gebiet der klassischen Altertumskunde und solle in die „Erfassung und Betreuung" der erbeuteten Kulturgüter einbezogen werden.[232]

Der Grund für Vasmers Urteil über Rodenwaldt könnte im Bereich von dessen Beziehungen zu Kollegen an der Leningrader Eremitage liegen. Hier leitete auch als international anerkannte Kapazität Vasmers Bruder, der Orientalist Richard Vasmer (1888 - 1938), die Numismatische Abteilung. Er wurde im Januar 1934 mit zahlreichen anderen Leningrader Wissenschaftlern der vorrevolutionären russischen Intelligenz im Zusammenhang mit einer von der GPU konstruierten „Russischen nationalen Partei" verhaftet. Man warf ihnen illegale Kontakte zu „faschistischen Kreisen" u. a. in Berlin vor. Richard Vasmer überlebte die Verurteilung zu 10 Jahren Arbeitslager nicht.[233] Doch zum Fall Rodenwaldt besteht noch Forschungsbedarf.

---

231 Ebd., Kasten 6, Mappe 11: Rodenwaldt an Präsident der Akademie der Wissenschaften, 11.12.1939. Der deutsch-baltische Klassische Archäologe Oskar Waldhauer (1883 - 1935), promoviert in München, leitete seit 1918 die Antikenabteilung der Eremitage und lehrte antike Kunstgeschichte an der Universität. 1925 wurde er ordentliches Mitglied des Deutschen Archäologischen Instituts in Berlin. Er kam zu weiteren Aufenthalten 1927, 1929 und letztmals 1930 nach Berlin. Unter dem neuen Generaldirektor der Eremitage, B. V. Legran, erarbeitete Waldhauer ab 1930 nur noch Ausstellungen und konnte nicht mehr publizieren. Nervlich überanstrengt, starb er frühzeitg 1935. Vgl. Evgenij V. Mamleev, Val'dgauer, Sankt-Peterburg 2005 (Reihe: Stranicy istorii Ermitaža).

232 Ebd., NL Rodenwaldt, Briefe: M. Schede an REM und Zentralstelle, 18.07.1942.

233 Er starb 1938 im Lager. Vgl. F. D. Ašnin, V. M. Alpatov, „Delo slavistov": 30-e gody [Die „Slavisten-Angelegenheit": die 30er Jahre],

Im Falle des Iranisten *Schaeder*[234] dagegen liegen die Gründe für Vasmers Urteil offen zutage. Schaeder (s. Bl. 8) ließ das Institut für Semitistik und Islamkunde, dessen Direktor er seit 1933/34 war, 1936 umbenennen in Institut für Arabistik und Islamkunde. Damit verschwanden nicht nur äußerlich die Semitistik und ihr Lehrpersonal. Die Umbenennung dokumentierte eine Neuausrichtung des Faches an der Berliner Universität. Bis 1936 waren Islamwissenschaft und Arabistik Teilbereiche der Semitischen Philologie gewesen, die außerdem Altorientalistik und – religionsübergreifend – Hebräisch umfaßt hatte. Ab 1936 wurden die semitischen Sprachen hier nicht mehr gelehrt. Vielmehr reduzierte man das Fach bis 1945 auf Arabistik und Islamwissenschaft, neben Iranistik und Turkologie. Die Arabistik deckte sich zugleich mit einem der Hauptinteressensgebiete deutscher Außenpolitik in den 1930er/40er Jahren.[235]

Moskva 1994, 41 - 42, 86, 138 und 206.

234 Hans Heinrich Schaeder (1896 - 1957), 1920 in Berlin Redakteur des „Grenzboten“, habilitierte sich 1922 in Breslau für semitische und iranische Philologie und lehrte dort ab 1924 als Extraordinarius. 1926 war er Ordinarius in Königsberg, 1930 in Leipzig, 1931 - 45 in Berlin. 1940 wurde er Akademiemitglied. 1942 arbeitete er im „Kriegseinsatz der Geisteswissenschaften“ in der Gruppe „Lebensmächte und Wesen des Indogermanentums“ über „Arische Grundzüge in Leben und Glauben des alten Iran“. 1943 veröffentlichte er die Rede „Europa in der Abwehr des Ostens“ in „Wille und Macht“, dem „Führerorgan der nationalsozialistischen Jugend“. 1944 erhielt er einen Forschungsauftrag im Rahmen der Arbeitsgruppe zur Erforschung der bolschewistischen Weltgefahr des Reichsministeriums für die besetzten Ostgebiete. 1946 - 57 war er Direktor des Seminars für den Nahen Osten an der Universität Göttingen. Vgl. E. Klee, 523, und Ekkehard Ellinger, Deutsche Orientalistik. – Seine Schwester, die Osteuropahistorikerin Hildegard Schaeder (1902 - 1984), Mitglied der Bekennenden Kirche, gehörte zu den Verfolgten des NS-Regimes.

235 Vgl. Ellinger, 166 - 168. Aus nationalsozialistischer Sicht galt Schaeder (NS-Lehrerbund) 1939 nicht als Nationalsozialist, aber als zu klug, um sich gegen den Nationalsozialismus zu stellen (182). Er suche für sich den günstigsten Weg, um seine persönliche Machstellung zu erweitern (Brief der Gauleitung Berlin, 04.10.1939). 1942 dagegen

Von einer Vortragsreise nach Rom berichtete Schaeder im Juli 1940: Es war die „Ausrichtung des ganzen öffentlichen Lebens in Italien auf den deutschen Krieg (...), die es uns erlaubte, uns in Italien wie in einem erweiterten Vaterlande zu fühlen“. An Akademie und Universität hielt er Vorträge über „Zarathustra und die Botschaft von der Rechten Ordnung“, „Die Religionspolitik des persischen Weltreiches“, „Der Manichäismus und sein Weg nach Osten“ und hoffte, daß „nach dem deutschen Endsieg (...) der deutsch-italienische Austausch auch auf dem Gebiete der Geisteswissenschaften inniger werden wird“.[236] Das war mehr als nur Rhetorik gegenüber dem Geldgeber. Schaeders Publikationen ab 1940 enthalten eine germanozentrisch und auch rassenideologisch definierte Geschichtskonzeption des Orients, in der die Arier und das „Titanenvolk der Indogermanen“ als Herrschaftsrassen der jeweiligen Kultur dargestellt werden.[237] Das Porträt seines Faches in der Wirtschaftszeitschrift „Der Nahe Osten“ 1940 ist getragen vom Gedanken kultureller Überlegenheit „Deutscher Orientforschung“, die „dem Gange des Indogermanentums durch die Weltgeschichte“ folge, und unterschlägt jeden Beitrag jüdischer Orientalisten.[238] Für diese völkisch politisierte Konzeption beanspruchte Schaeder ausgerechnet Jacob Grimm als Ahnherren. Vasmer dagegen hatte 1939 Grimms Briefwechsel mit osteuropäischen Gelehrten

---

begutachtete die Gauleitung sein politisches Verhalten schon wesentlich positiver (183f.).

236 UA HU, PA Hans Heinrich Schaeder 6, Bd. I, Bl. 64 - 69: Bericht Schaeders vom 28.07.1940 über seine Vortragsreise nach Rom vom 11. - 28.05.1940, hier Bl. 64 und 67.

237 Ellinger, 315f.; das Zitat aus H. H. Schaeder, „Europa in der Abwehr des Ostens“, in: Wille und Macht 11/1943, 16 - 22, hier 17. Schaeder konstruierte einen natürlichen Übergang von arisch-persischer zu arisch-griechischer Herrschaft, dem „artverwandten“ indogermanischen Brudervolk, und von der Weltreichidee Alexanders des Großen zu der Hitlers, ebd., 316f.

238 In: Der Nahe Osten 1/1940, 129 - 134.

programmatisch als „Zeugnis für die wissenschaftliche Solidarität“ unter „Vertreter[n] der verschiedensten Nationalitäten“ ediert.[239]
Zu Schaeders arisch-indogermanisch definiertem Weltreichkonzept gehörte ein Feindbild, das auf Vasmers Wissenschaftsgebiet übergriff. In seinem Beitrag „Asien und die Ostgrenze der europäischen Kultur“ (1942) schaute Schaeder „über das russische Niemandsland zwischen Europa und Asien hin nach Mittel- und Hochasien“. In den „Bedrohungen“ von dort gegen Europa sei „seit jeher ein dämonischer Vernichtungswille“ hervorgetreten, der die „europäische Lebensform“ verneine, sie zerstören und beherrschen wolle.[240] Aktuelle Forschungsaufgabe sei es deshalb, „Hochasien und seine Steppenreiche in die allgemeine Geschichte“ einzubeziehen und von daher das „großrussische Geschichtsbild“ zu korrigieren (11). Obgleich in seinen ältesten Kernstaaten von schwedischen Warägern gegründet und seit dem 9. Jahrhundert christianisiert, hat Rußland für Schaeder „in seinem Verhältnis von Regierung und Untertanen, in seinem geistigen Leben nie, weder vor noch nach der Mongolenherrschaft, zu Europa gehört“ (16): „Mit dem Bolschewismus und vollends mit der Diktatur des Asiaten Stalin ist es wieder nach Asien zurückgekehrt“ (16).
In seiner Vortragsvariante vor Führern der Hitlerjugend im März 1943 hält Schaeder „die endgültige Sicherung Europas“ vor Stalins vermeintlichem Imperialismus für die historische Aufgabe des deutschen Volkes.[241] Hier nun lädt er sein dämonisiertes Rußland-

239 Max Vasmer, Bausteine zur Geschichte der deutsch-slavischen Beziehungen. I, Berlin 1939, Vorwort.

240 Hans Heinrich Schaeder, „Asien und die Ostgrenze der europäischen Kultur“, in: ders. (Hg.), Der Orient in deutscher Forschung. Vorträge der Berliner Orientalistentagung Herbst 1942, Leipzig 1944, 6 - 17, hier 11. Es war „die erste Arbeitstagung deutscher Orientalisten und orientalistischer Archäologen im Kriegseinsatz der Deutschen Geisteswissenschaften“, so Schaeder im Vorwort.

241 Ders., „Europa in der Abwehr des Ostens“, in: Wille und Macht. Führerorgan der nationalsozialistischen Jugend 11/1943, 16 - 22, hier 22.

Feindbild auch rassistisch auf: Durch Englands Bündnispolitik „mit dem Bolschewismus“ und mit Amerika sei „die Judenfrage für die nahöstliche Welt ebenso brennend geworden wie für Europa. Zu einer Abwehr dieser Feinde, gegen die auch Europa zu kämpfen hat, sind freilich die nahöstlichen Völker aus eigener Kraft nicht in der Lage“; ihr Geschick „wird daher nicht auf ihrem Boden entschieden, sondern auf den Schlachtfeldern, auf denen das neue Europa erkämpft wird“.[242]

Daß die Mittwochs-Gesellschaft Schaeder noch im Januar 1944 zu ihrem Mitglied machte, ist bezeichnend für deren konservativen Geist, heißt aber nicht, daß es sich etwa auch bei ihm um einen „entschiedene[n] Gegner des Regimes“ gehandelt habe.[243] In der Hochphase des Krieges ließ Schaeder ideologische Bedenken fallen und stellte sich auch als Wissenschaftler in den Dienst des NS-Regimes, indem er sein Fach auf völkisch-nationalsozialistische Zwecke umorientierte. Damit beging er für Vasmer Verrat an der weltanschaulichen Voraussetzungslosigkeit von Wissenschaft. Mit seinem Geschichtsbild, das Rußland aus der europäischen Geschichte ausgrenzte, kulturell entwertete und politisch dämonisierte, fiel Schaeder für Vasmer als „unwürdig“ aus der Wissenschaftlergemeinschaft heraus.

---

242 Ebd., 19.
243 So Scholder, Die Mittwochs-Gesellschaft, 39.

Max Vasmers 50. Geburtstag, Berlin, 28. Februar 1936
(von l. nach r.): Max Vasmer, Alice Woltner, Elsa von Schreiber, Margarete Woltner (sitzend), Frau Wirth, Reinhold Olesch, Luise Wanstrat, Alfred Rammelmeyer (sitzend), Paul Wirth (dahinter stehend), Hans Karstien, Simon Pirchegger.

Resümee

Bemerkenswert an der Strukturierung von Vasmers Porträt der Berliner Universität im Nationalsozialismus ist zunächst, daß er aus dem politischen Profil der Professorenschaft vor 1933 ihre Selbsttäuschungen und Fehler danach ableitet. So eröffnen Schuldbekenntnis und Selbstkritik seine Stockholmer Rede: Wie die deutschnationale Mehrheit der Professoren hat auch er die Gefahr des Nationalsozialismus nicht früh genug ernst genommen. Und statt alles an die Wiederwahl des charakterstarken Juristen Kohlrausch zu setzen, hat auch Vasmer im Mai 1933 den Rassenanthropologen Fischer mit zum Rektor gewählt – aus seiner Sicht die nicht mehr zu korrigierende Selbstentmachtung der Berliner Professorenschaft (Bl. 5).

Anders als historiographische Studien zur Universitätsgeschichte jener Zeit beginnt Vasmer dann nicht mit den – von ihm sehr bewußt wahrgenommenen – institutionell-organisatorischen Eingriffen nationalsozialistischer Hochschulpolitik, sondern mit deren personellen Taktiken. Sie waren für ihn offensichtlich maßgeblicher. Die Angst vor rassenideologischer Repression, die Karrierebegünstigung bislang erfolgloser Dozenten oder reuiger Sozialdemokraten und die prompte Emeritierung kritischer Ordinarien, die Vertreibung jüdischer Lehrender und die Etablierung politisch zweckorientierter, mit Nationalsozialisten besetzter Lehrstühle – dies alles machte schon 1933 „angesehene Leute“ zu „Werkzeugen“ des Nationalsozialismus (Bl. 6) und spaltete die Professorenschaft zunehmend. Als ein Vertreter noch der alten Einheit der Philosophischen Fakultät erlebte Vasmer deren Zerschlagung 1936 als gravierendste organisatorische Maßnahme nationalsozialistischer Hochschulpolitik (Bl. 10). Dadurch verloren die Geisteswissenschaften, so argumentiert er, ihre widerständigsten Mitglieder an die Mathematisch-naturwissenschaftliche und (zwei Nationalökonomen) an die Juristische Fakultät. Durch die Integration zweier bislang universitätsexterner Institutionen – der Landwirtschaftlichen und der Tierärztlichen Hochschule 1934/35 und der aus der Hochschule für Politik hervorgegangenen Auslandswissenschaftlichen Fakultät 1940 – wurde die bisherige Professorenschaft außerdem zu einer politisch leichter manövrierbaren Masse aufgeschwemmt.

Weiter umreißt Vasmer die institutionell-organisatorische Entmachtung der Professoren von außen. Die Aufhebung jeglicher Abstimmungen in den Universitätsgremien ab 1934/35 machte von da an „jeden oppositionellen Vorstoß" zum „unbedeutenden Einzelversuch" (Bl. 10). Beschlüsse der ab 1934 bzw. 1935 vom Reichserziehungsministerium ernannten Dekane bzw. Rektoren waren kaum noch transparent, was „Proteste" erschwerte (Bl. 12). Und das unter Rektor Fischer etablierte „Führerprinzip" hinderte „direkte Verhandlungen der Nicht-Pgs mit dem Kultusministerium" (Bl. 13). Das könnte auch als Entlastungsargumentation erscheinen, zumal Vasmer von hier aus auf vereinzelt dennoch geleistetes solidarisches Verhalten mit verfolgten Schülern und Kollegen zu sprechen kommt (Bl. 14f.) und dann die Behauptung seines eigenen Lehrstuhls durch die NS-Zeit hindurch erklärt (Bl. 17). Aber tatsächlich fielen diese institutionellen Maßnahmen in die gefährlichste Phase der Umstrukturierung der Universität 1934 - 38, in der mit Hoetzschs Entlassung 1935 auch Vasmers Existenz bedroht war (s. die „Verweise", Bl. 21). Bis zum Beginn des Krieges verfolgte er dann eine lavierende Stillhaltetaktik.[1] Er wußte den Zeitwert seiner Forschungen zur slavischen Altertumskunde im behördlichen Umgang auszuspielen und opponierte gegen deren öffentlich propagandistischen Mißbrauch nicht

1 Vgl. Bott, Resistenz, 153f., und das Kapitel zur „Zeitschrift für slavische Philologie" bei Klaas-Hinrich Ehlers, Der Wille zur Relevanz. Staatlich geförderte Sprachforschung 1920 - 1970, Stuttgart 2010.

(Bl. 17). Aber Vasmer nutzte den Zeitwert seiner bis heute gültigen Forschungsergebnisse nicht zum Ausbau eigener Macht, sondern für den Fortbestand des Faches auf sämtlichen, auch politisch unerwünschten Forschungsfeldern (ablesbar an der „Zeitschrift für Slavistik"), zum Schutz seiner Schüler, zur Aufrechterhaltung internationaler, auch slavischer Kontakte und zur Rettung verhafteter Kollegen ab Januar 1940 (Bl. 23).[2] Ab 1940 zog er sich auf die politisch nicht instrumentalisierbare Erforschung griechischer Lehnworte im Russischen zurück.

Von zwei Dingen scheint in Vasmers Rechenschaftsbericht auf den ersten Blick nicht die Rede zu sein, nämlich von den überzeugten „echten Nazis" (Bl. 15) unter Berlins Professoren und von fachlichem Verrat bzw. von der Einflußnahme des Nationalsozialismus auf kognitive Strukturen der Wissenschaft. Beides ist jedoch aufgerufen unter den neu eingerichteten, mit Nationalsozialisten besetzten „unnötigen Ordinariaten" 1933 - 38 (Bl. 8), mit dem Hinweis auf die „Verwüstungen" an den Fakultäten für Theologie und Jura (Bl. 24) und in den Berufungen durch das Reichserziehungsministerium gegen den Willen der Fakultät bzw. den von der Fakultät verhinderten Berufungen primär politischer Kandidaten des Ministeriums (Bl. 18 - 20). Offensichtlich besteht für Vasmer ein kausaler Zusammenhang zwischen überzeugtem „Nazi" und potentiellem fachlichem Verrat, den er seinen Zuhörern gegenüber aber nicht erörtert, sondern gleichsam voraussetzt. In diese Richtung weist auch seine Bemerkung, „anständige Parteigenossen", d. h. solche, die auch als Mitglieder der Wissenschaftsgemeinschaft

---

2 Wie mir scheint, machte es einen Unterschied, ob man 1933 - 39 als Romanist wie Karl Vossler oder als Slavist offen auf kritische Distanz zum Nationalsozialismus ging. Unter den nichtjüdischen Ordinarien für Slavistik und Geschichte Osteuropas im „Dritten Reich" ist mir kein solcher Fall bekannt, wohl aber Entlassungen aus politischen Gründen (der Sozialdemokrat Eugen Häusler 1933 in Königsberg und das Nicht-Parteimitglied H. F. Schmid 1938 in Graz).

integer blieben, habe es „wenige“ gegeben (Bl. 31). Fachlicher Verrat ist außerdem angezeigt bei den zuletzt als „unwürdig“ (Bl. 31) klassifizierten Fischer, Rodenwaldt und Schaeder, wobei das für Rodenwaldt aus seinen Publikationen nicht klar ersichtlich wird und hier noch Forschungsbedarf besteht. Im Ergebnis waren für Vasmer die aus politischen Gründen vom NS-Kultusministerium durchgesetzten oder aber verhinderten Berufungen ein Prozeß, der die „Widerstandskraft der Fakultäten“ brach (Bl. 19). Dagegen setzt er seine eigenen Möglichkeiten widerständigen Verhaltens als Lehrender, als Herausgeber und bei der Rettung inhaftierter Kollegen (Bl. 21 - 23), bevor er Bilanz zieht.

Bemerkenswert an Vasmers Rede sind einige Besonderheiten seiner Wahrnehmungsweise. So ist für ihn, nicht aber für die Berliner Professorenschaft allgemein, das Merkmal „Jude“ eine nachrangige Kategorie. Zwar nennt er als erste Ursache für die Kooperationsbereitschaft einiger herausragender Professoren mit dem NS-Staat deren Angst vor rassenideologischer Verfolgung, weil sie als jüdisch galten oder jüdisch verheiratet waren (Bl. 6). Aber bei der personellen Einflußnahme nationalsozialistischer Hochschulpolitik sieht er die Entlassung jüdischer Professoren (Bl. 8) als eine Maßnahme unter anderen, gegen die Wissenschaftlergemeinschaft insgesamt gerichteten. Vasmer nahm die jüdischen Mitglieder also noch nicht exklusiv wahr, sondern als integrativen Teil der Professorenschaft. Wenn er aber bei den aus konfessionellen Gründen vom NS-Regime verfolgten Professoren nach den Mitgliedern der Bekennenden Kirche dann auch die Juden nennt (Bl. 16), so erscheint das drei Jahre nach Bekanntwerden der Massenvernichtungen als unzulässiger Relativismus.

Bezeichnend für Vasmers Wahrnehmungsweise ist weiter, welche Bedeutung er dem Charakter beimißt (Bl. 24). Ob es zu politischer Anpassung oder gar zur Umkodierung der eigenen Wissenschaft auf politische Ziele des Nationalsozialismus kam, stellt er in den autonomen Entscheidungsbereich des einzelnen.

Ebensowenig wie eine Kollektivschuld (Bl. 27) gibt es für Vasmer eine Kollektivamnestie für das Verhalten der Professoren während der NS-Zeit. Die Verantwortlichkeit des Einzelforschers für sein Verhalten bleibt auch unter totalitärem Regime bestehen.

Charakteristisch nicht zuletzt für den Slavisten Vasmer ist, welche Rolle internationale Wissenschaftsbeziehungen sowohl für die Dauerhaftigkeit von Forschungsinhalten wie auch für die Standhaftigkeit des Einzelforschers in totalitären Regimen spielen. Internationale Anerkennung im Ausland konnte eventuell vor Verfolgung schützen (Bl. 17) und stellte notwendige Kontakte zur Rettung verfolgter Kollegen bereit (Bl. 14, 23). Vor allem aber schützt die Kenntnis internationaler Forschungsleistungen den wissenschaftlichen Nachwuchs davor, erneut einer nationalistischen „Politisierung der Wissenschaft" (Bl. 28) zu verfallen.

Auffällig ist die Rede von „Widerstand" bzw. Widerstandsfähigkeit in Vasmers Vortrag. Sie ist in unmittelbarem Zusammenhang mit der Redesituation zu sehen. Seine Stockholmer Zuhörer begegneten ihm selbstverständlich mit der Frage nach den Möglichkeiten von Widerstand an der Berliner Universität in den Jahren des Nationalsozialismus. Gleich zu Beginn seiner Rede stellt Vasmer klar, daß „allgemeiner Widerstand bald unmöglich" wurde (Bl. 2), also der institutionelle einer gleichgeschalteten Universität oder Fakultät, aber auch der korporative der Professorenschaft insgesamt, die politisch und durch Angst vor Verfolgung (Bl. 6) gespalten war. Zugleich mit den organisatorischen Maßnahmen nationalsozialistischer Hochschulpolitik brach die Verhinderung von Berufungen politisch nicht erwünschter Wissenschaftler und die Ernennung von politisch erwünschten Kandidaten durch das Reichserziehungsministerium allmählich die „Widerstandskraft" der Fakultäten (Bl. 19). Dagegen verbucht Vasmer verhinderte politische Berufungen und durchgesetzte Habilitationen von Nicht-Nationalsozialisten als hart erkämpfte Erfolge seiner Fakultät.

Daß die Berliner Universität aus nationalsozialistischer Sicht als ein „Widerstandszentrum“ wahrgenommen wurde (Bl. 24), das nur allmählich erst einzunehmen war, heißt jedoch nicht, daß Vasmer damit dem späteren, bis in die 1980er Jahre verbreiteten Legitimationsdiskurs deutscher Universitätsangehöriger der NS-Zeit das Wort redet. Beschreibt er doch neben der politischen Gleichgültigkeit der großen Mehrheit der Berliner Professoren differenziert ihre Anpassungsbereitschaft und mangelnde Widerstandsfähigkeit (Bl. 31), die größere Solidarisierungsaktionen mit verfolgten Kollegen unmöglich machte. Aber tatsächlich verzeichnet die Universität Berlin nach Frankfurt am Main den höchsten Anteil an Entlassungen und Vertreibungen. Und Berlin verfügte mit der Mittwochs-Gesellschaft neben Freiburg auch über den einzigen Wissenschaftlerkreis im damaligen Deutschland, aus dem heraus konservativer Widerstand gegen das NS-Regime kam.

Historiographisch aufschlußreich ist schließlich Vasmers Kategorisierung des Verhaltens der Berliner Professoren während des Nationalsozialismus. Zu Beginn seiner Rede gruppiert er noch nach parteipolitischen Zugehörigkeiten oder Affinitäten vor 1933 in „meist national-liberal“, „Deutsch-nationale“, „Deutsche Volkspartei“ und „Demokraten“ (Bl. 2). Diese politischen Kategorien werden im Verlauf der Redenotizen für die Zeit des Nationalsozialismus abgelöst von ethisch-moralischen Kategorien. Im Zusammenhang mit der Rektorneuwahl 1933 konstatiert Vasmer zunächst: Noch „ganz wenige waren Pgs“. Doch zugleich gab es „leider nicht wenige Professoren“, die meinten, „es sei auch ‚etwas Gutes‘ an der ‚Bewegung‘“, die sich dabei aber in der Einschätzung der „radikalen Elemente“ täuschten (Bl. 4). Denunziation durch NS-Studentenschaftsvertreter gab es am Slavischen Institut nicht, da hier, so begründet Vasmer, keine „echten Nazis“ studierten (Bl. 15). Die Kategorie „echt“ bezeichnet bereits eine Gesinnung, die falsches, ethisch verwerfliches Handeln nach sich zieht. Dementsprechend heißt es zuletzt in den Redenotizen:

„Anständige Parteigenossen“ gab es an der Berliner Universität „wenige“ (Bl. 31). Das heißt, „echte Nazis“ handelten auch im Wissenschaftsbereich überwiegend schädlich und verwerflich.

Auf den seiner Rede beigelegten Notizblättern systematisiert Vasmer dann nach ethischen Kriterien.[3] Das ist einerseits darauf zurückzuführen, daß für politisches Verhalten der Jahre 1933-45 die bisherigen parteipolitischen Zuordnungen außer Kraft gesetzt waren (Kommunismus oder Antikommunismus mußte er vor den Schweden nicht thematisieren), während kirchlich-religiöse Zugehörigkeiten noch virulent blieben. Aber mehr noch scheint mir Vasmers ethische Kategorisierung seiner Redesituation vor ausländischen Wissenschaftlern und ihren Fragen an einen Deutschen 1948 geschuldet. „Standhafte Professoren“ (Bl. 25) – zugleich „die zuverlässigsten Mitglieder“ der Philosophischen Fakultät (Bl. 10) – gab es aus Vasmers Sicht namentlich 18, mit ihm selbst („wir“) 19. „Standhaft“ umfaßt hier auch die Bereitschaft zu widerständigem Handeln. Die Kategorien „zu still“ (Bl. 25), „zu wenig widerstandsfähig“, „ängstlich“ (Bl. 31) verweisen dagegen auf die Vermeidung ethischer Handlungsweisen wie Solidarität, Einsatz, Protest. „Indifferent“ (Bl. 31) lautet beinahe neutestamentlich das Urteil über die Mehrheit der Mitläufer unter den Ordinarien – die Lauen (Off. 3, 15f.) – und benennt das eigentliche Kardinalproblem in totalitären Zeiten. Mit einer politischen Kategorie faßt Vasmer noch einmal „einige Rechtsstehende“ zusammen (die Hugenberg-Fraktion, Bl. 2), die anfangs noch eine Entwicklung zum „Guten“ erwarteten (Bl. 31), um dann mit der Kategorie „unwürdig“ (Bl. 31) zu enden. Sie bezeichnet ein Handeln, das gegen das Ethos der Wissenschaftsgemeinschaft verstößt und aus ihr ausschließt.

---

3 Zuckmayer kategorisiert in seinem Geheimreport 1943 politisch-moralisch in: „1. Aktive Nazis und böswillige Mitläufer“, „2. Gutgläubige Mitläufer“, „3. Indifferente und Hilflose“, „4. Die bewussten Träger des inneren Widerstands“ (13) und in „Sonderfälle, teils positiv, teils negativ – nicht ohne weiteres einzuordnen“ (16).

Aber tatsächlich endete Vasmers Rede ja mit der Aufforderung zu „Nachsicht" gegenüber der jungen Generation, die den Repressionen stärker ausgesetzt war, und zu größerer Strenge gegenüber seiner Altersgruppe (Bl. 28), die sich wissenschaftlich schon vor 1933 hatte etablieren können. Die ethisch kategorisierende Auflistung von Namen kam seinen Zuhörern nicht zu Gehör. Das waren Notizen, die er zur eigenen Klärung machte und für eventuelle Nachfragen beilegte. Sie entstanden im erklärten Bewußtsein, daß von der Mehrheit, „von uns", im Deutschland der Jahre 1933 - 45 „schwere Fehler gemacht" worden waren (Bl. 27). Auch Vasmer hatte in dieser Zeit erfahren, daß es kein richtiges Leben im falschen des Nationalsozialismus geben konnte. Deshalb ist die zum Schluß erreichte ethische Position seiner Rede eine zwischen größerer reflexiver Toleranz gegenüber der jungen Wissenschaftlergeneration im Nationalsozialismus und strengerer Analyse der älteren, „meiner eigenen Generation". Eine Position, um die die Wissenschaftshistoriographie in Deutschland seit den 1980er Jahren gerungen hat.

Max Vasmer, Berlin 1950.

Klaus Zernack

Nachwort

Auch im Schatten des „Dritten Reiches“ und der „Deutschen Ostforschung“ war der Berliner Slavist Max Vasmer ein international hochangesehener Wissenschaftler. Die schwierigen Lebensbedingungen im kriegszerstörten Berlin – mit dem Verlust seiner häuslichen Bibliothek ebenso wie des kompletten Manuskripts für sein opus magnum, das dreibändige „Russische etymologische Wörterbuch“ – veranlaßten ihn, schon bald nach Kriegsende an seine schwedischen Kollegen mit der Bitte heranzutreten, ihm eine Gastprofessur zu beschaffen. In Stockholm reagierte man schnell im positiven Sinn. Aber mehr noch: 1948 wurde Max Vasmer auf das vakante Ordinariat für slavische Sprachen an Stockholms högskola berufen.

Das sind die etwas lückenhaft überlieferten und daher kontingent wirkenden Umstände, die zu der hier vorliegenden Quellenedition geführt haben. Mit seiner reichen Kommentierung eröffnet das schmale Heft vor allem vertiefende Einblicke in Vasmers Einstellung zur Nazi-Diktatur. Aber die Pointe von Vasmers Stockholmer Intermezzo von 1947 bis 1949 liegt nicht nur in dem Erfolg verbürgenden persönlichen Ruhm des großen Gelehrten. Man darf auch die inneren Wandlungen im slavenkundlichen Diskurs an den europäischen Universitäten nach Ende des Zweiten Weltkrieges sowie den triumphalen Sieg und Prestigegewinn Sowjetrußlands nicht unbeachtet lassen.

Es sind jene Bewegungen, die sich vornehmlich in der deutschen Debatte über den deutschen Osten und die slavische Welt bemerkbar machten, jene „Deutsche Ostforschung“, die einen langen Vorlauf in Deutschland gehabt hat. Seit vielen Generationen war beim „Blick nach Osten“ ein hoher Grad von politisch-ideologischer Beanspruchung zu beobachten, die im 19. Jahrhundert noch bedeutend zunahm und nach dem Ende des Zweiten Weltkriegs durch die staatliche Teilung Deutschlands einen besonderen Impuls erfuhr. Man kann sagen: Von der mittelalterlichen Ostsiedlung bis zur Osterweiterung der Europäischen Union in unseren Tagen war der subkutan bis offen aggressiv zum Ausdruck kommende Slavendiskurs im östlichen Mitteleuropa und in Osteuropa von einerseits slavophilen, andererseits antislavischen Pendelschlägen begleitet, die viel zum Zustandekommen der großen Katastrophen in der Ära der Weltkriege, dem „Zeitalter der Extreme", beigetragen haben.

Deshalb ist bemerkenswert an der vorliegenden wissenschaftspolitischen Rede Vasmers, daß ihr Verfasser darin nicht als Slavist im strikten Sinne des Wortes spricht – so, wie man es in den fachpolitischen Denkschriften der Weimarer Zeit von ihm gewohnt war. Vielmehr ergreift er hier das Wort, um – vermutlich sogar als erster Berliner Wissenschaftler nach dem Zweiten Weltkrieg – auf Einladung eines ausländischen Gremiums die Haltung der Berliner Universität und ihrer Professorenschaft im sogenannten Dritten Reich selbstkritisch zu erörtern.

Der Text der Stockholmer Rede stellt der politischen Urteilskraft des Philologen Vasmer ein gutes Zeugnis aus. Dominant kommt die politische Überzeugung des Demokraten genauso zur Geltung wie seine Gewißheit, daß er als Hochschullehrer eines mit Osteuropa befaßten Faches nicht zuletzt ein „Wächteramt" wahrzunehmen habe über die Einstellungen der deutschen Gesellschaft zur Welt der Slaven. Das meinte sein akademisch-slavistisches Arbeitsfeld, aber nicht nur dieses. Wenn Vasmer im Juli 1945 in Berlin zu den Gründungsmitgliedern des „Kulturbundes zur demokratischen Erneuerung Deutschlands" gehörte, so auch deshalb, weil ihn das traditionell schwierige Verhältnis der Deutschen zum europäischen Osten beunruhigte. Als Rußlanddeutschem war ihm das Dilemma des Bismarckisch-Wilhelminischen Reiches in den konträren Traditionen von preußischer Ostraum-Hegemonie und dem Verlangen nach mehr demokratischen Freiheiten wohlvertraut.

Und es kann kein Zweifel bestehen, daß hier das Kernproblem der deutschen Geschichte als ein ostpolitisch begründetes und als solches ausstrahlendes ins Blickfeld kommt. Kaum ein Text sonst hat soviel zur Klärung wie auch zeitweise zur Vernebelung des deutschen Ostdiskurses beigetragen wie das „Slavenkapitel“ in Herders „Ideen zur Philosophie der Geschichte der Menschheit“. Und man kann sich schwerlich des Eindrucks erwehren, daß die Nachwehen dieser deutschen Debatte noch immer ihre Spuren hinterlassen.

Im Disput über dieses kleine Kapitel eines großen Werkes der Weltliteratur hat die moderne deutsche Nationswerdung seit der „gestreckten“ Doppelrevolution von 1848/1871 eine antislavische, vor allem antipolnische Aufladung erfahren, die schließlich in den tödlichen Konflikt des 20. Jahrhunderts mündete. Eine gewichtige Station auf diesem langen Weg bildet das Ende des Zweiten Weltkriegs. Unter dessen Eindruck vor allem ist das vorliegende Redemanuskript von Max Vasmer zustande gekommen. Es zeugt von Charakterfestigkeit und Zivilcourage in schwieriger Zeit.

Daß es ein gelehrter und weltbekannter Slavist war, der das politische Spektrum der Berliner Philosophischen Fakultät im Hitler-Reich zu vermessen und so authentisch zu beurteilen vermochte, ist gewiß in erster Linie den Zufällen seines individuellen Lebensweges zu verdanken. Doch war Vasmer auch und mit energischem Temperament in der fortschreitenden Verwissenschaftlichung der slavischen Studien in Europa engagiert, so daß seine Eignung, fachpolitisch als deren Repräsentant nach außen hin aufzutreten, auch nach der deutschen Katastrophe außer Frage stand. Ebenso war für ihn selbst als Rußlanddeutschen seine mit diesem fachpolitischen Engagement einhergehende, gewissermaßen praktische Slavophilie selbstverständlich. Mit dieser Haltung stand er Zeit seines Lebens in einem markanten Spannungsverhältnis zu jenen nationalkonservativen Kräften in Deutschland, deren traditionell antislavisch-okzidentalistische

Sicht auf die osteuropäische Welt namentlich nach dem Ersten Weltkrieg erneuten Spielraum gefunden hatte.

Es bedurfte offenkundig der Erfahrung zweier Weltkriege, damit der politisierte und ideologisierte Blick der programmatischen Kurskorrektur durch konsequente „Verwissenschaftlichung“ weichen konnte. Diesen Prozeß für die Osteuropa-Forschung mitzutragen und zu gestalten, hat Max Vasmer immer als das nobile officium auch der Slavistik angesehen.

Max Vasmer an seinem 70. Geburtstag (28. Februar 1956) im Osteuropa-Institut an der Freien Universität Berlin mit Werner Philipp und Margarete Woltner.